똑똑똑!

자동차를 두드려 주세요
고양이가 엔진룸에서
쉬고 있어요

똑똑똑!

자동차를 두드려 주세요
고양이가 엔진룸에서
쉬고 있어요

똑똑똑!

자동차를 두드려 주세요
고양이가 엔진룸에서
쉬고 있어요

똑똑똑!

자동차를 두드려 주세요
고양이가 엔진룸에서
쉬고 있어요

똑똑똑!

자동차를 두드려 주세요
고양이가 엔진룸에서
쉬고 있어요

똑똑똑!

자동차를 두드려 주세요
고양이가 엔진룸에서
쉬고 있어요

똑똑똑!

자동차를 두드려 주세요
고양이가 엔진룸에서
쉬고 있어요

똑똑똑!

자동차를 두드려 주세요
고양이가 엔진룸에서
쉬고 있어요

미래로 가는 희망 버스
행복한 동물

미래로 가는 희망 버스 7
행복한 동물

초판 1쇄 인쇄 2023년 9월 23일
초판 1쇄 발행 2023년 10월 27일

글 공주영 그림 원정민
디자인 손현주
펴낸이 김숙진·정용희

펴낸곳 (주)분홍고래
출판등록 2013년 6월 4일 제2021-000294호
주소 서울시 마포구 모래내로1길 17 상암퍼스터지더올림 911호
전화번호 070-7590-1961(편집부) 070-7590-1917(마케팅)
팩스 031-624-1915
전자우편 p_whale@naver.com
분홍고래 블로그 blog.naver.com/p_whale

© 공주영 2023

ISBN 979-11-93255-11-7 73470

* 책값은 뒤표지에 표시되어 있습니다.

품질경영 및 공산품 안전관리법에 의한 품질 표시
품명 어린이 도서 | **제조년월일** 2023년 10월 | **사용연령** 8세 이상
제조자명 (주)분홍고래 | **제조국** 대한민국 **연락처** (070)7590-1961

※경고 : 3세 이하의 영·유아는 사용을 금합니다. 종이에 베이거나 굵히지 않도록 조심하세요. 책 모서리가 날카로우니 던지거나 떨어뜨리지 마세요.

미래로 가는 희망 버스 7

행복한 동물

글 공주영 | 그림 원정민

분홍고래

작가의 말

동물도 권리가 있어요

　한때 사람들은 동물에게 감정이 없다고 믿었어요. 그래서 사람들이 필요한 만큼 이용해도 되는 물건처럼 생각했던 때가 있었지요. 그 후로 많은 시간이 지나, 우리는 이제 동물을 함께 사는 가족으로 받아들이는 시대에 살고 있어요.

　그럼에도 불구하고 어떤 동물은 여전히 하나의 생명이 아니라 물건 취급을 받으며 고통 속에 살고 있어요.

　길에 산다는 이유로 마구 학대당하기도 하고, 오로지 고기가 되기 위해 태어나 좁고 더러운 공간에서 살다 죽기도 해요. 실험에 희생되기도 하고, 공연을 위한 연습 때문에 끔찍한 매를 맞기도 하지요. 쓸개를 탐내는 사람들 때문에 철창에서 평생 갇혀 살며 죽기보다 힘든 고통을 당하는 곰도 있어요.

　만약 사람이 그런 취급을 받는다면, 폭력이고 살인이며 인권 침해라고 비판받을 거예요.

　"에이, 동물은 사람과 다르잖아요. 어떻게 똑같이 생각해요?"라고 말

할 수도 있어요.

과거와는 달리 지금은 동물에게 감정이 있다는 것을 알지만, 여전히 동물에게 권리가 있다는 것은 인정하지 않거나 잘 알지 못해요. 동물의 권리는 '동물도 자유롭게 살아갈 권리'를 말해요. 동물도 감정을 가지고 있고 고통을 느끼는 존재이기 때문에 그 자체로 존중해야 한다는 의미예요.

동물은 스스로 권리를 주장할 수 없어요. 그렇다고 우리가 동물의 권리를 무시해도 되는 건 아니에요. 우리는 우리가 받는 이익과 편리 때문에 동물이 겪는 불행을 모른 척할 때가 많아요. 누군가의 고통과 불행으로 얻은 편리와 행복이 과연 정당할까요?

줄일 수 있는 고통과 불행이라면, 우리는 기꺼이 달라져야 해요. 그런 노력으로 모두 같이 행복한 세상을 만드는 길로 나아갈 수 있으니까요.

우리는 동물에게 옮은 바이러스로 전 세계가 마비되고 공포에 빠지는 코로나19 팬데믹을 겪었어요. 많은 사람이 동물의 삶을 외면하면 사람의 삶도 위협받을 수 있다고 말해요. 야생 동물이 사는 서식지를 훼손하면 동물 몸에 기생하던 바이러스는 사람이 사는 곳까지 올 수밖에 없어요. 2019년 코로나19, 이전에 발생한 2012년 메르스(중동 호흡기 증후

군), 2002년 사스(중증 급성 호흡기 증후군)도 생태계 파괴로 동물에게 있는 바이러스가 사람에게 옮겨진 감염병이에요.

숲이 망가지고, 동물이 살 곳이 줄고, 야생 동물을 마구 잡거나 죽이면 그 결과는 결국 우리에게 돌아와요. 다른 나라에서 일어나는 일, 사람이 아닌 동물에게 일어나는 일이라고 할 수만은 없어요. 우리는 지구라는 동그라미 위에 서로 연결되어 있으니까요.

지구는 결코 사람만 살아갈 수 없어요. 동물의 삶을 지키는 일은 사람의 삶도 지키는 일이에요. 모든 생명이 자연스럽게 어우러지는 공존의 삶이 더 오래 함께 행복하게 사는 방법이에요.

당장 지금 편하자고, 앞만 보고 가는 미래는 나쁜 미래예요. 동물이 겪는 고통과 불행을 줄일 수 있는 방법을 찾아가는 것은 모두 같이 해야 할 일이에요.

'동물을 위해 우리가 할 수 있는 일이 있을까?'

만약 이런 생각이 든다면, 이 책에 등장하는 세 친구 이야기를 들어 보세요. 동물에게도 권리가 있다고 생각하는 주아, 반려동물을 키우고 싶어 하는 인경, 길고양이나 비둘기 같은 길에 사는 동물을 싫어하는 기달이는 각자 동물에 대해 다른 생각을 가지고 있어요.

　희망 버스를 타고 여행하는 동안, 친구들은 동물이 겪는 여러 가지 고통스러운 상황을 보고 이야기를 나누지요. 서로 다른 의견이 오가면서 '행복한 동물'에 관한 생각도 깊어져요.

　이 책에서는 동물의 수를 셀 때 쓰는 단위를 '마리' 대신 '명'으로 썼어요. 동물을 셀 때 쓰는 '마리'는 '머리'라는 뜻을 가졌고 사람을 셀 때 쓰는 '명'은 '생명'이라는 뜻을 가졌다고 해요. 이 책에서 '마리' 대신 '명'으로 쓴 이유는 앞으로 동물을 바라볼 때 생명으로 인식했으면 하는 바람에서예요.

　동물에 대해 여러분이 어떤 생각과 의견을 펼치느냐는 굉장히 중요한 문제예요. 생각이 행동을 이끌어 내고, 행동이 변화를 만들어 내니까요.

　지구에서 함께 살아가는 동물들이 행복하기를 바라는 마음이 계속 이어져 큰 물결이 된다면, 지구의 미래는 달라질 거예요. 여러분이 지금 이 이야기를 꼭 읽어 주었으면 하는 이유도 바로 그것이랍니다. 여러분은 행복한 동물과 함께 현재와 미래를 살아갈 테니까요.

모두 함께 행복한 지구를 꿈꾸며, 공주영

차례

(작가의 말) 동물도 권리가 있어요 004

나오는 사람과 동물 010

1장 아주 옛날, 동물과 사람은

열두 살 캣맘 014
길고양이는 싫어! 019
강아지를 갖고 싶어 023
엑스의 초대 030
옛날 동물은 어떻게 살았을까? 040
개의 조상이 회색 늑대였다고? 045
야생 동물이 가축이 되기까지 050
중세 시대 고양이 실종 사건 056

2장 눈물 흘리는 동물

공장에서 태어나는 동물 062
전염병이 너무해, 사람이 너무해 070
동물 털이 그렇게 따뜻한가요? 078
토끼 눈에 실험한 마스카라 087
고양이 똥으로 만든 커피 092
철창에 갇힌 슬픈 눈동자 099
동물 공연은 인제 그만 108
우리는 오락 도구가 아니야 117
여기는 동물이 지나가는 길이에요 124
버릴 거면서 왜 사는 거야? 130

3장 우리 함께 살아가요

꿀벌이 사라지면 우리도 살 수 없대요 140
☛ 대멸종을 부르는 동물 멸종 145
엄마는 왜 고양이를 도와요? 146
☛ 길고양이와 공존하는 법 150
동물과 가족이 되고 싶어요 152
☛ 유기견과 유기묘를 입양하는 방법 158
도시에서 살아가는 동물들 159
고기가 아닌 생명으로 본다면 164
여기는 미래의 동물원입니다 171
☛ 동물과 관련된 미래 기술 177
동물도 자유로울 권리가 있어요 178
☛ 행복한 동물을 위한 세계 동물 권리 선언 185
지구 안에서 우리 모두 다 같이 187

부록

우리의 과제

지구에서 동물과 사람이 함께 행복하게 살기 위한 '생각 상자'

우리는 그동안 동물을 어떻게 대했을까? 194

동물이 제대로 살기 위해 우리는 어떤 미래를 만들어야 할까? 197

동물에게 보내는 우리의 다짐 199

나오는 사람과 동물

주아

"동물도 자유롭게 살 권리가 있어!"

'캣맘'인 엄마를 따라 길고양이 밥을 주다가 동물에게 관심을 가진다. 사람을 위해 동물이 존재하는 게 아니라 동물도 생명으로서 가지는 권리가 있다고 생각한다. 자연 속에 사는 동물뿐 아니라 도시에 사는 동물도 안전하고 자유롭게 사는 세상이 모두가 행복한 세상이라고 믿고 있다.

인경

"동물? 귀여운 강아지라면 환영!"

강아지를 키우고 싶어 하지만 엄마의 반대로 키우지 못하고 동네 펫숍에 들러 매일 바라본다. 귀여운 동물은 소유하고 싶고 꾸며 주고 싶은 대상이다. 그 외의 동물은 글쎄……. 깊이 생각해 보지 않았다.

"사람에게 필요 없는 동물을
왜 보살펴야 하지?"

기달

사람에게 즐거움을 주거나 고기를 제공하는 동물이 아니면 딱히 필요한 존재가 아니라고 생각한다. 특히 도시를 더럽히는 비둘기나 으슥한 데서 나타나는 길고양이는 딱 질색이다. 동물은 주인이 있거나 울타리 안에 있어야 평화롭다고 믿는다.

"우리 이야기를 들어 볼래?"

엑스

길에 사는 고양이로, 도로를 건너다가 자동차 사고로 다리를 다쳐서 절뚝거린다. 사람과 동물 사이에 말이 통하도록 해 주는 연결자 능력이 있다. 희망 버스를 운전하려고 사람처럼 변신하기도 한다. 중세 시대에도 고양이로 살았던 기억을 이야기할 만큼 나이를 종잡을 수 없다.

열두 살 캣맘

"어떡하지. 엄마가 늦겠는데. 오늘 고양이 밥 주러 주아 혼자 가 볼래?"
주아는 엄마와 함께 고양이 밥을 주러 나갈 때 모습을 떠올렸다.
"걱정하지 마세요. 이제 저도 5학년이잖아요. 충분히 혼자 할 수 있어요."
주아는 사료와 물을 담은 통을 들고 집을 나섰다. 처음에는 길고양이가 보이는 자리에 사료와 물 그릇을 두고 매일 채워 주었는데, 그것 때문에 동네 사람들과 마찰이 많았다.
사료 먹느라 길고양이가 모여들어 시끄럽다고 따지는 사람도 있었고, 사료 그릇 때문에 벌레가 꼬인다며 화를 내는 사람도 있었다. 사료 그릇을 놓으면 없애는 사람도 있었고, 못 먹을 것을 담아 두는 사람도 있었다. 고민 끝에 엄마는 사료 그릇을 들고 다니면서 고양이가 한 번에 먹을 만큼씩

놓아 주었다. 먹이를 주고 난 뒤에는 사료가 남지 않게 주변을 정리하고 떠났다.

골목마다 자주 나타나는 고양이는 정해져 있다. 사료를 주는 곳도 일정하기 때문에 혼자라고 해도 잘 할 자신이 있었다.

주아는 가장 먼저 학교 옆 공원으로 가서 사료 그릇을 꺼냈다. 사료 그릇 옆에는 물 그릇도 꼭 놓아 주어야 한다. 길에서 고양이가 깨끗한 물을 구하기 힘들기 때문에 사료와 늘 같이 준다.

어느새 낯익은 길고양이들이 모여들었다.

"천천히 먹어. 천천히. 많이 가져왔어."

주아는 근처에 앉아 사료를 먹는 길고양이들을 바라봤다. 진짜 엄마가 된 기분이었다.

고양이 한 명이 다가와 주아 다리에 몸을 비볐다.

"랑이, 너 지금 언니에게 애교 부리는 거야?"

몸에 있는 무늬가 호랑이 같아서 주아가 지어 준 이름이다. 랑이 몸을 쓰다듬는데 어디선가 이상한 소리가 났다.

딱딱. 뭔가 매섭게 부딪치는 소리였다.

주아는 자리에서 일어나 소리가 나는 곳으로 갔다. 낮은 나무 사이로 고양이 한 명이 주저앉아 있었다. 낑낑대는 것처럼 보여 가까이 다가갔다. 주아가 잘 아는 고양이였다.

"엑스! 너, 왜 그래. 어디 아파?"

엑스는 움직이지 않고 가만있었다. 주아는 엑스를 안고 주변을 둘러보았다. 나무 뒤에서 뭔가 휙 도망가는 게 보였다. 주아보다 한 뼘 정도 키가 작은 남자애였다.

주아는 엑스를 내려놓고 남자애를 쫓아갔다. 무조건 따라잡을 자신이 있었다. 고운 초등학교에서 주아만큼 달리기를 잘하는 애는 없으니까.

'잡히기만 해. 가만 안 둘 테니까.'

주아는 이를 악물었다.

길고양이는 싫어!

"야! 너, 거기 안 서!"

주아가 뛰어가면서 소리를 질렀다. 앞에 달려가던 애가 뒤를 돌아봤다. 주아 눈빛이 반짝였다. 누군지 딱 감이 왔다.

주기달. 5학년 3반, 주아와 같은 반인 아이다. 기달이는 시끄러운데다 장난이 심하다. 2학기가 되었는데도 기달이와 제대로 말해 본 적도 없다. 앙숙까지는 아니지만 서로 성격이 전혀 맞지 않다고 생각해 왔다.

"주기달, 아무리 달려 봐야 어차피 잡힌다. 좋은 말 할 때 빨리 서라."

기달이는 물레방아를 도는 다람쥐처럼 공원 안을 빙빙 돌았다. 주아는 가운데로 가로질러서 앞서 달려가 기달이를 잡아채려 했다.

기달이는 생각보다 날쌨다. 주아 손아귀를 쏙 빠져나갔다.

"흥. 내가 쉽게 잡힐 줄 알았냐?"

주아가 헉헉거리며 잠시 멈추자, 기달이가 뒤를 돌아보며 혀를 날름거렸다. 이때다 싶었다. 기달이가 방심하는 틈을 타 힘껏 달렸다. 드디어 기달이 옷자락이 주아 손에 잡혔다.

"내가 잡는다고 했지?"

"야, 아파. 그만 놓으라고."

주아가 강하게 잡아당기던 옷자락을 놓자, 기달이가 앞으로 고꾸라졌다.

"아얏!"

기달이는 넘어진 게 아픈지 잔뜩 인상을 찌푸렸다.

"너, 뭐야? 나한테 왜 이러냐고!"

기달이 말에 주아가 째려보며 따졌다.

"너, 엑스에게 무슨 짓 했지?"

"엑스? 그게 뭔데. 암튼 난 아무 짓도 한 게 없거든!"

기달이가 딱 잡아떼는 얼굴을 하자, 주아는 범인을 보는 형사 눈빛으로 기달이를 노려봤다.

"엑스는 네가 방금 괴롭힌 바로 그 고양이야. 엑스가 낑낑대는 걸 봤는데 거짓말할 거야?"

"야, 내가 그깟 길고양이에게 뭔 짓을 했대도 네가 무슨 상관이야? 네 고양이도 아니잖아!"

기달이는 당당했다. 주아라고 물러설 성격이 아니었다.

"길에 사는 고양이면 함부로 해도 된다는 거야?"

"네가 주인도 아닌데 이럴 필요까지는 없다는 거지!"

기달이도 지지 않고 맞받아쳤다. 둘의 눈싸움이 팽팽했다.

"사과해!"

"뭐라고?"

"엑스에게 찾아가서 사과하라고."

기달이는 말문이 막힌 표정이었다. 그러다가 갑자기 자기 소매를 걷어 붙였다.

"솔직히 말해서 그 고양이보다 내가 더 피해자야."

기달이 팔꿈치 아래에 길게 패인 상처가 있었다.

"저번에 길에서 어떤 고양이가 나를 이렇게 할퀴었어."

"어떤 고양이가 그랬다고? 그럼 그 고양이가 엑스인지 아닌지도 모르는 거잖아. 지금 너 아무 고양이한테나 복수하는 거야?"

주아가 따져 묻자 기달이는 바로 대답을 하지 못했다.

"엑스가 아무 일 없이 먼저 사람을 할퀴었을 리는 없어. 뭔가 위협을 느낀 거지."

"범인 취조하듯 말하지 마! 네가 무슨 경찰이라도 되는 거야?"

주아는 기가 막혔다. 학교에서도 기달이는 자기보다 약한 아이들 앞에서 센 척한다. 그러면서 힘센 진수 같은 친구에게는 꼼짝도 못 한다.

"기달이 너, 자기보다 약한 동물은 함부로 해도 된다고 생각하는 거야?

너보다 덩치 큰 애한테는 그러지도 못 하면서."

주아 말에 찔렸는지 기달이가 발끈했다.

"뭐? 너, 말 다 했어?"

"고양이가 너보다 덩치 크고 센 동물이어도 그렇게 함부로 할 수 있어?"

기달이 얼굴이 붉으락푸르락했다.

"나랑 같이 엑스 찾아서 괜찮은지 확인해! 얼마나 다쳤는지 너도 봐야지."

"쳇, 싫어! 내가 왜?"

기달이가 도망가려 하자 주아가 바로 기달이 팔을 꽉 잡았다. 그러고는 휙휙 주위를 돌아보며 엑스를 찾았다. 엑스는 어디 갔는지 보이지 않았다.

엑스는 밥을 주는 길고양이 가운데에도 주아가 가장 신경을 쓰는 애다. 처음 만났을 때부터 엑스는 한쪽 다리를 제대로 쓰지 못했다. 다친 다리 때문에 다른 애들처럼 빨리 움직일 수 없다.

주아가 엄마랑 사료 주러 올 때마다 늘 조금씩 늦게 와서 제대로 챙겨 먹지 못할 때가 많다. 주아는 그런 엑스 몫을 따로 챙겨와 주곤 했다.

'오늘 종일 굶었을지도 모르는데……. 엑스는 대체 어디로 간 걸까?'

강아지를 갖고 싶어

학교로 가는 큰길가에 있는 펫숍 쇼윈도에 누군가가 딱 달라붙어 있는 모습이 보였다.

"얘, 거기 그렇게 있으면 안 돼. 유리에 손자국 남잖아."

펫숍 주인이 수건을 가지고 나와서 쇼윈도를 박박 닦았다.

"아줌마, 쟤는 얼마예요?"

인경이는 어른 손바닥만 한 하얀 강아지를 가리켰다. 눈이 까맣고 털이 복슬복슬한 강아지였다.

"몰티즈? 얘는 비싼데……."

"엄마가 제 생일날 사 준댔어요."

"그래? 그럼 나중에 엄마랑 같이 와. 그때 말해 줄게."

"저 옆에 있는 애는요?"

"시츄? 쟤는 더 비싸."

혹시 싸게 살 수 있는 강아지가 없냐고 묻고 싶은데, 아줌마는 기회를 주지 않았다.

"어휴. 얘야, 인제 그만 묻고 돌아가."

"네……."

인경이는 고개를 끄덕이며 돌아섰다.

엄마가 강아지를 사 주기로 했다는 말은 거짓말이었다. 생일 선물로 사 주면 안 되겠느냐고 졸랐는데도 소용없었다. 비싸기도 했지만, 강아지를 사 줘 봐야 처음엔 귀여워하다가 돌보는 건 엄마에게 떠넘길 게 뻔하다고 질색했다. 예전에도 햄스터만 사 주면 알아서 키우겠다고 했다가 며칠 만에 나 몰라라 한 적이 있었다. 처음에는 정말 귀여웠는데, 그다음부터는 조금 귀찮아졌다. 결국, 햄스터는 죽었다.

이번에는 다르다. 햄스터처럼 내팽개치지 않을 것이다. 강아지는 사람을 졸래졸래 따라다닌다. 같이 놀 수도 있다. 게다가 아까 본 몰티즈는 손바닥 크기만 해서 인형만큼 귀엽다. 먹을 것도 조금밖에 못 먹어서 사룟값도 적게 든다. 인경이가 펫숍에서 들은 설명을 아무리 이야기해도 엄마는 꿈쩍도 안 했다.

사실 인경이가 강아지를 키우고 싶은 진짜 이유는 토요일 저녁에 텔레비전에서 하는 한 예능 프로그램 때문이었다. 여러 아이돌이 나와서 자신들이 키우는 강아지를 자랑하는 프로그램이다. 그중에는 인경이가 좋아하는 아이돌도 있다. 강아지를 키우는 아이돌 오빠들은 즐겁고 행복해 보였다. 오빠들은 강아지와 함께 카페도 가고 여행도 간다. 자꾸 보다 보니 오빠들이 좋아서 강아지를 키우고 싶은 건지, 강아지가 정말 좋아서 키우고 싶은 건지도 알 수 없었다. 어쨌든 강아지가 있으면 금방 행복해질 것 같았다.

'아, 나도 오빠들처럼 저런 강아지가 있었으면……'

그때부터 인경이는 강아지 열병을 앓았다.

'나도 강아지 키우면 예쁜 옷도 입혀 주고, 염색도 시켜 주고, 리본도 매달아 줄 거야.'

예쁘게 꾸민 강아지 모습을 찍어서 SNS에 올릴 상상만 해도 좋았다. 친구들이 모두 부러워할 거다. 하늘에서 뚝하고 강아지가 떨어진다면, 자기 방에서 엄마 몰래 키울 수도 있다고 생각했다. 물론 그런 일은 절대 일어나지 않는다.

시무룩하게 고개를 숙이고 학교 옆에 있는 공원을 지나치는데 옥신각신 싸우는 소리가 들렸다. 어둑어둑해지는 저녁이었다.

"그깟 길고양이 하나 다쳤다고 나한테 왜 이러냐고!"

"네가 다치게 한 고양이는 네가 책임져야지. 그게 맞는 거잖아."

어쩐지 익숙한 목소리였다. 인경이는 소리 나는 쪽으로 발걸음을 움직였다.

"너희 둘, 거기서 뭐 하는 거야?"

 인경이는 같은 반인 주아와 기달이가 마주 서 있는 모습을 보고 다가갔다. 기달이는 주아가 인경이를 보는 사이, 슬그머니 도망치려고 했다. 주아는 놓치지 않고 기달이를 확 잡았다.
 "어딜 가려고? 엑스를 같이 찾아서 다친 데 치료해 줘야지."
 주아 말에 인경이는 호기심 가득한 목소리로 물었다.
 "엑스? 그게 누군데?"
 기달이는 뒷덜미가 잡힌 채로 몸을 흔들면서 대답했다.

"길고양이! 그것도 도망간 길고양이를 나보고 찾으라는 거야. 자기가 주인도 아니면서."

"나 혼자 찾아도 되지만 네가 다치게 한 가해자니까 직접 사죄해야지."

주아와 기달이는 다시 옥신각신했다.

"가해자? 기달이가 뭘 어쨌다는 거야?"

인경이가 궁금한 표정으로 자꾸 캐묻자 주아가 기달이를 놔줬다. 그러고는 조금 전 있었던 일을 이야기했다.

인경이는 그제야 알겠다는 듯이 고개를 끄덕였다.

"고양이를 일부러 다치게 한 거야? 그건 너무 심했다."

인경이 말에 기달이가 팔짱을 끼고 고개를 흔들었다.

"내 옆에 올까 봐 작은 돌멩이를 던진 것뿐이야. 정말 맞을지는 몰랐다고."

기달이가 그제야 고백했다. 돌멩이라는 말에 주아 얼굴이 차갑게 굳었다.

"솔직히 난 길에 다니는 고양이들이 싫어! 다 없어져 버렸으면 좋겠어."

인경이도 길고양이가 썩 좋지는 않았다. 혼자 걷다가 눈이라도 마주치면 좀 무섭단 생각도 들었다.

"너, 잘못된 그 생각부터 고쳐야겠다."

주아가 기달이를 째려보며 말했다. 인경이는 머뭇거리다가 주아에게 말했다.

"근데 주아야, 엑스라는 고양이 말이야. 길고양이인데 기달이가 치료까지 꼭 해야 해?"

주아가 팔짱을 끼고 둘을 보며 한숨을 푹 쉬었다.

"너도 그렇게 생각하는 거니? 주인이 없는 동물은 함부로 대해도 된다고?"

주아의 말을 들은 인경이가 급하게 고개를 저었다.

"아니, 그건 아니고. 나도 동물을 보호해야 한다고 생각해. 그렇지만 길고양이는 다르잖아."

기달이는 인경이가 자기편을 드는 줄 알고 어깨를 으쓱거렸다.

"인경이는 나랑 말이 좀 통하네. 그치? 여기는 사람들이 사는 곳이지 고양이가 사는 곳이 아니잖아. 쓰레기를 뒤져서 동네나 더럽히고, 밤에 우는 소리도 으스스하잖아."

기달이 말을 들으니 주아는 엄마 말이 떠올랐다. 엄마는 길고양이를 안타깝게 여기는 사람도 있지만 싫어하는 사람도 있다고 했다. 아니, 어쩌면 싫어하는 사람이 훨씬 많은지도 모른다. 그래도 엄마가 길고양이 밥 주는 것을 멈추지 않는 이유는 다 같이 살아가기 위해서라고 했다.

"여기 이곳은 사람만 사는 동네가 아니야. 고양이에게도 자기가 사는 동네지."

엄마 같은 캣맘이 자꾸 밥을 주니까 길고양이가 더 많아진다고 불평하는 사람도 많다. 그래서 엄마는 중성화 수술이 안 된 길고양이는 병원에 데려가 수술을 시켜 주기도 했다.

중성화 수술은 고양이 개체 수가 늘어나는 것을 막기 위한 수술이다. 길고양이 수가 너무 늘어나지 않도록 구청에 신청해서 수술을 시켜 주는 사람도 있고, 주아 엄마처럼 자기 돈을 들여서 하는 사람도 있다.

주아는 엄마가 하는 이런 노력도 모르고 캣맘이 밥을 줘서 길에 길고양이가 자꾸 늘어나는 게 아니냐고 화를 내는 사람들이 미웠다. 골목을 같이 살아가는 길고양이에게 아무것도 해 주는 것도 없으면서 싫어하기만 하는 사람들, 바로 기달이 같은 사람들이었다.

엄마는 일일이 설명할 수 없다고 웃으며 말했지만, 주아 생각은 달랐다. 잘 모르는 사람에게는 알려 줘야 한다.

주아는 인경이와 기달이에게 설명해 주려고 심호흡부터 했다.

"길에서 사는 동물은 함부로 대해도 된다고 생각하다니 충격이다. 너희 말이야……."

그때였다. 세 아이 사이로 검은 물체가 나타났다. 엑스였다. 분명 엑스는 맞는데 뭔가 좀 이상했다. 하고 싶은 말이 있는 것처럼 세 아이 주변을 빙글빙글 돌았다. 주아가 걱정스럽게 물었다.

"엑스, 왜 그래?"

엑스의 초대

엑스는 주아와 눈을 맞추더니 야옹 소리를 길게 냈다.

"엑스, 무슨 말을 하고 싶은 거야?"

야옹야옹 냐아옹.

"너희 방금 못 들었어? 엑스가 뭐라고 하잖아."

엑스는 아이들이 자기를 보자 땅바닥에 뭔가 그리기 시작했다. 주아는 엑스가 땅에 낸 자국을 가만 들여다봤다.

"이거 화살표 아니야?"

기달이 말에 주아가 알았다는 듯 큰 목소리로 외쳤다.

"우리 보고 화살표 방향으로 따라오라는 거야!"

인경이와 기달이 눈이 동그래졌다.

"설마?"

"엑스! 내 말이 맞지?"

엑스는 절뚝이며 일어서더니 어디론가 향했다. 주아는 주저 없이 엑스를 뒤따랐다. 인경이는 주춤하다가 기달이를 바라봤다. 가야 하나 말아야 하나 고민스러운 표정이었다.

"쳇, 내가 고양이를 왜 따라 가나?"

기달이 말이 떨어지자마자 주아가 휙 뒤돌아봤다.

"주기달! 너, 안 간다고? 이렇게 신기한 일이 눈앞에 벌어졌는데."

그러고 보니 신기한 일인 건 맞았다. 고양이가 화살표를 그려서 사람에게 따라오라는 신호를 하다니. 기달이는 뭔가 재미난 일이 일어날지 모른다고 생각했다.

세 아이는 어느새 나란히 길을 걸었다. 공원 옆으로 난 계단을 내려가 하천을 따라 걷다가 다시 계단 위로 올라갔다. 얼마쯤 걷다 보니 임시 벽이 쳐진 공사장이 나타났다. 벽 사이에 난 작은 틈으로 엑스가 들어갔다.

세 아이도 조심스럽게 엑스를 뒤따랐다. 공사장 안에는 누군가 모여 있었다. 엑스가 그쪽으로 다가가자 아이들도 따라갔다.

"저 아이지?"

"맞아. 심술궂은 꼬마!"

"드디어 만났군."

웅성웅성 소리가 났다.

"뭐야? 고양이랑 비둘기랑 개도 있잖아?"

주아가 깜짝 놀란 목소리로 말하자, 기달이와 인경이가 걸음을 멈췄다.

"으, 뭐야, 이게! 길거리 동물들은 다 모였네."

기달이가 몸을 떨며 싫은 티를 냈다. 동물들은 사나운 표정으로 기달이를 노려봤다. 인경이는 주아에게 겁에 질린 목소리로 귓속말을 했다.

"저 동물들이 사람 말을 알아듣나 봐."

털이 마구 헝클어진 개 한 명이 천천히 다가왔다.

"못 알아듣는 줄 알았어? 너희 인간들, 제발 말조심 좀 하라고."

인경이 눈이 두 배나 커졌다.

기달이를 바라보는 동물들의 눈이 사나웠다. 다들 기달이에게 한마디씩 하고 싶은 표정이었다. 비둘기는 푸드덕푸드덕 날갯짓하더니 기달이 머리 위를 빙글빙글 돌았다.

"자자, 위협적인 행동은 그만합시다. 그러려고 아이들을 초대한 게 아니니까."

"초대라고?"

엑스 말에 주아가 되물었다.

"맞아. 엑스가 제안했지. 사람들하고 이야기 좀 해 보자고 말이야. 이런 애송이들을 데리고 말이 통할지 모르겠지만 말이야."

비둘기 말에 기달이가 발끈했다.

"애송이라고? 비둘기 주제에 진짜 막말하네."

비둘기와 기달이 사이에 긴장이 팽팽했다.

"심한 말은 서로 삼가는 게 좋겠어요."

엑스가 나섰다. 그러자 비둘기는 금세 풀이 죽었다.

"나도 원래 함부로 말하는 동물은 아니야. 갑자기 사람하고 말하게 되니 흥분해서 그만……."

비둘기는 사과를 하면서도 기달이를 향해서는 못마땅한 얼굴이었다. 주아는 앞으로 나서서 동물들에게 물었다.

"우리를 초대해서 어떤 이야기를 하고 싶었던 거야?"

주아 말에 개가 다시 으르렁거렸다.

"사람들 말이야. 대체 우리를 왜 그렇게 싫어하는 거야?"

"아니야, 싫어하지 않아!"

인경이는 방금 말한 개에게 손을 내저었다.

"싫어하지 않는다고? 너희가 좋아하는 건 예쁘게 생기거나 사람하고 친화력이 좋은 개 정도겠지. 나처럼 길거리를 숨어 사는 더러운 개 말고. 여기 상처를 봐. 길거리에서 나를 괜히 걷어찬 사람 때문에 다친 상처야."

"너를 걷어찼다고?"

털이 지저분하기는 했지만 가만 살펴보니 펫숍에서 흔히 볼 수 있는 강아지였다. 인경이는 이런 개가 길에 사는 것도, 괴롭히는 사람이 있다는 것도 믿기지 않았다.

"물론 처음에는 나도 사람과 살았지. 어느 날 갑자기 나를 길거리에 버리더라고. 처음에는 정말 무서웠어. 자동차 바퀴만 봐도 숨이 막혔지. 이제는 좀 살만 해. 나를 보고 뭘 던지거나 쫓아오는 저런 녀석만 없다면 말이야."

개는 말이 끝나자마자 기달이를 째려봤다.

"내, 내가 언제 그런 짓을 했다고 그래? 난 기억에 없는데……."

"무슨 소리! 넌 나한테 침도 뱉었잖아."

비둘기까지 사납게 달려들었다. 기달이는 비둘기가 자신을 부리로 쫄까 봐 두 팔로 머리를 막았다.

"넌, 왜 우리를 그렇게 못살게 구는 거야?"

동물들이 기달이에게 따졌다.

"난 사람들이 사는 길거리에 돌아다니는 동물들은 그냥 다 싫어! 음식물 쓰레기나 뒤지고 지저분해."

기달이는 겁이 잔뜩 났으면서도 자기 할 말을 했다. 동물들 눈초리가 아까보다 더 사나워졌다.

"지저분하다니? 먹을 게 없어 음식물 쓰레기를 뒤진 게 우리 죄야?"

"하여간, 사람들이란. 마치 이 동네가 전부 자기들 것인 것처럼 군다니까."

"그러게. 역시 사람들하고 말이 통할 리 없지."

동물들이 웅성거리자 엑스가 나섰다.

"사람들이 사는 곳에 동물들이 같이 살면 안 되는 걸까?"

엑스가 세 아이를 보고 물었다. 인경이는 조심스럽게 자기 의견을 냈다.

"주인이 있으면 괜찮지 않을까?"

"동물에게 왜 꼭 주인이 있어야 해? 웃겨. 정말."

삐쩍 마른 얼룩 고양이 한 명이 사람처럼 팔짱까지 끼고 비아냥거렸다.

"주인이 있으면 먹을 걸 구하러 다니느라 더러운 음식쓰레기를 뒤지지 않아도 되잖아. 또 너희도 안전해지고."

인경이 말에 동물들은 고개를 저었다.

"그럼 주인 없는 동물은 길에서 안전하게 살 수 없다는 거야?"

개가 되묻자 인경이는 바로 답하지 못했다. 괴롭히는 사람이 없다면 동물이 안전하지 못할 이유도 없다.

"아니, 길에 사는 동물도 안전하게 살 수 있어야지. 함께 살 수 있는 곳이 좋은 곳이지."

주아 말에 기달이가 고개를 저었다.

"길에서 사는 것부터 문제야. 동물은 자기들이 사는 곳으로 가야지. 왜 여기에 살아?"

기달이는 비둘기를 흘끔거리며 말했다. 혹시 자기 머리를 부리로 쫄지 모른다는 생각에 말을 해 놓고도 몸을 움츠렸다. 사실 기달이는 어릴 때부터 비둘기가 병균을 옮긴다는 말을 많이 들었다. 그때부터 비둘기가 싫었고 길에 사는 다른 동물도 피하게 되었다.

"동물들이 사는 곳? 우리가 먹이를 구하면서 자유롭게 살 수 있는 곳이 어디 있는데?"

비둘기가 기달이에게 달려들 듯이 말했다.

"맞아. 동물이 지낼 곳을 다 빼앗아 놓고 우리보고 어디로 가라는 거야? 뻔뻔해!"

다른 비둘기도 날개를 푸드덕거리며 웅성거렸다.

"길에 사는 동물들에게 인제 와서 다른 데로 가라는 것은 말도 안 돼. 그것보다는 길에서도 안전하게 살 수 있는 환경을 만들면 되잖아."

기달이와 인경, 주아는 서로 다른 의견을 내놓았다.

"사람들도 저마다 생각이 다르군."

개가 세 아이를 보며 말하자 고양이가 고개를 절레절레 저었다.

"이대로는 안 되겠어."

비둘기도 맞장구쳤다.

"이대로는 안 돼!"

비둘기가 갑자기 날아올라 기달이 머리 위로 갔다. 그러고는 부리로 기달이 머리를 콕콕 쪼아댔다.

"아얏! 왜 나만 갖고 이래!"

기달이는 팔로 머리를 감싸고 마구 달렸다. 숨을 곳을 찾았지만, 쉽게 눈에 띄지 않았다.

멀리 노란 버스 한 대가 보였다. 기달이는 버스가 있는 곳으로 마구 달렸다. 차라리 버스 안으로 뛰어 들어가면 비둘기가 쫓아오지 못하겠지 생각했다. 마구 달려 도착하니 버스 앞에 누군가 서 있었다.

"어, 너는!"

기달이는 놀라서 그대로 멈춰 서 버렸다. 주아와 인경이도 기달이의 외침을 듣고 달려왔다.

버스 앞에 서 있는 것은 엑스였다. 말끔한 검은색 정장을 입은 신사 모습이었다.

옛날 동물은 어떻게 살았을까?

"이 버스는 희망 버스 1004야. 너희가 원한다면 같이 여행을 떠날 거야."
엑스는 사람처럼 말했다.
"갑자기 무슨 여행? 난 내일 학교도 가야 해."
"나도 엄마 허락 없이 여행 가는 건 안 돼."
엑스 말에 기달이와 인경이는 손사래부터 쳤다.
"우리가 여행하는 동안, 여기 시간은 흐르지 않아. 지금 떠나서 다시 지금으로 돌아올 거야. 희망 버스는 곧 출발해. 여행에 함께할 친구들은 자리에 앉아 줘."
지금 시간이 아닌 다른 시간을 여행한다니. 주아는 시간 여행 같은 게 아니냐며 신나게 희망 버스에 올라탔다. 기달이와 인경이는 머뭇거리며 탈까 말까 망설였다.

엑스도 이미 버스에 올라타 있었다. 엑스 자리는 운전석이었다. 희망 버스 운전사가 바로 엑스였다.

"주아야, 정말 갈 거야?"

인경이가 주저하는 목소리로 물었다.

"이런 기회를 놓칠 수 없지."

기달이가 뒤를 돌아보았다. 저만치에서 화난 동물들이 씩씩거리며 노려보고 있었다. 그중에서도 비둘기는 기달이가 무리에서 떨어지면 당장이라도 머리를 쪼려고 날아올 기세였다.

"여기 있다가 저 동물들에게 당하는 것보다는 낫겠지."

기달이가 올라타자 혼자 남겨진 인경이도 뒤따라 버스에 올랐다.

"모두 탑승했지? 그럼 출발한다."

버스에는 주아와 인경, 기달이 말고는 아무도 없었다. 인경이는 주아 옆에 딱 달라붙어 앉았다.

희망 버스 문이 닫혔다. 도로를 향해 달릴 줄 알았던 버스가 그대로 공중으로 붕 떴다.

"으아악!"

기달이가 소리 질렀다. 인경이는 주아 옆에서 눈을 꼭 감고 있었고, 기달이는 버스 창문에 두 손바닥을 대고 밖을 보며 계속 악을 써댔다. 희망 버스가 땅 위를 달리는 것처럼 하늘을 유유히 날자 그제야 기달이도 조용해졌다.

 한참 하늘을 날던 희망 버스가 선 곳은 끝도 없이 초록 들판이 펼쳐진 곳이었다. 엑스가 내리자 아이들도 따라 내렸다. 눈앞에서 발가벗은 사람들이 동물 사이에 마구 뛰어다니고 있었다.

 "와, 뭐야. 사람들이 벗고 뛰어다니니까 동물이랑 똑같아 보이잖아."

 인경이가 외치는 말에 엑스가 고개를 끄덕이더니 아이들을 향해 질문을 던졌다.

 "사람은 동물일까, 아닐까?"

 주아는 당연히 동물이라고 답했고, 기달이는 고개를 갸웃했다.

 "사람은 그냥 사람이지."

 그 말에 주아가 답답하다는 듯 대꾸했다.

 "너, 5학년 맞아? 사람도 당연히 동물이지. 어휴."

 주아가 구박하자 기달이가 반박했다.

 "내가 그걸 몰라서 그런 건 줄 알아? 사람이 동물보다 훨씬 뛰어나니까 그렇게 답한 거라고."

 주아가 선생님 같은 말투로 설명했다.

 "지구에는 동물과 식물, 미생물이 사는데 식물처럼 스스로 영양분을 만들지 못하고 다른 식물이나 동물을 먹으며 살아가는 생물이 동물이야. 그러니까 사람도 동물이 맞지."

 인경이는 주아가 똑똑하다며 엄지까지 치켜세웠지만 기달이는 못마땅한 얼굴이었다. 사람을 동물에 포함시키는 게 영 마음에 들지 않은 모양이었다.

그때 사냥을 하려고 작은 동물을 쫓던 사람이 갑자기 뒤돌아 도망가기 시작했다. 맹수 무리가 사람을 향해 달려오고 있었기 때문이다.

"어떻게 해. 도와줘야 하는 거 아니야? 저러다 사람이 잡아먹히겠어."

인경이 말에 엑스가 고개를 저었다.

"우리는 시간 여행 중이라 저기에서 일어나는 일에 끼어들 수 없어. 자연에서 서로 먹고 먹히는 건 당연한 모습이야."

"맞아. 먹이 사슬이잖아!"

주아가 맞장구쳤다.

"그래도 사람이 동물에게 먹히는 건 생각만 해도 끔찍해!"

기달이는 상상도 하기 싫다는 목소리였다.

"사람도 먹으려고 동물을 사냥하잖아."

주아 말에 반박하려 해도 기달이는 마땅한 말이 생각나지 않았다.

"살아가기 위해 사냥을 하는 건 자연스러운 거야. 그렇지 않은 게 문제지."

"그렇지 않은 것?"

인경이가 중얼거리자, 엑스가 고개를 끄덕이며 물었다.

"지금 너희가 사는 시대는 사람과 동물이 자연스럽게 살고 있을까?"

인경이는 아이돌 오빠들이 강아지를 예뻐하며 키우는 모습을 떠올리며 바로 대답했다.

"보호하고 아끼지. 엄청 사랑해 주고."

인경이는 마치 눈앞에 강아지가 있는 것처럼 다정한 말투로 말했다.

"모든 사람이 동물을 아끼는 건 아니지."

주아는 그렇게 말하면서 기달이를 째려봤다. 기달이는 주아 눈총을 피해 딴청을 부렸다.

"인경이는 왜 사람들이 동물을 사랑한다고 생각해?"

"우리 동네에 강아지랑 산책하는 사람이 많아. 강아지를 키우는 사람이 많다는 건 그만큼 동물을 좋아하는 사람도 많다는 게 아닐까?"

엑스는 가만히 고개를 끄덕였다.

"인경이는 강아지를 좋아하는구나. 그렇다면 혹시 개의 조상이 야생을 뛰어다니던 회색 늑대라는 건 알고 있어?"

"늑대? 그 무서운 늑대를 말하는 거야?"

인경이가 놀라서 묻자 엑스는 고개를 끄덕였다.

개의 조상이 회색 늑대였다고?

희망 버스가 어디론가 한참을 날더니 온통 새하얀 눈밭에 섰다. 아이들이 어리둥절한 표정으로 차에서 내렸다. 흰 눈 말고는 무엇도 보이지 않았다. 이렇게 아무것도 살 것 같지 않은 땅에 데려온 이유를 알 수 없었다.

"어! 저기."

기달이가 발견한 것은 눈 색깔과 구분이 어려운 회색 늑대였다.

"늑대잖아! 무서워."

인경이가 주아 뒤에 숨었다.

"여기 사람들은 늑대를 신처럼 여겼어. 몽골인들은 자신들이 푸른 늑대와 사슴 사이에 태어났다고 믿을 정도였지."

엑스가 데려간 곳은 몽골인의 집들이 모여 있는 마을이었다. 얼굴이 빨

간 아이들이 눈밭에서 강아지와 뒹굴며 놀고 있었다.

"저기 아이들과 놀고 있는 동물이 늑대야."

엑스 말을 듣고 가만히 보니 강아지가 아니라 새끼 늑대였다. 당장이라도 다가가 껴안아 주고 싶을 만큼 깜찍했다.

"귀여워."

"엑스, 늑대는 야생 동물인데 어떻게 아이들하고 놀고 있어?"

인경이는 이상하다는 표정이었다.

"회색 늑대는 야생에서 집단으로 모여서 살아. 호랑이 같은 맹수를 빼면 대적할 만한 동물이 없을 만큼 강하기도 해. 몽골인들은 늑대를 신성하게 생각했지만, 가축을 지키려고 늑대를 사냥할 수밖에 없었어. 그러다가 늑

대 집단에서 떨어지게 된 어린 늑대가 있으면 데려다 키우기도 했는데, 그게 늑대가 개가 된 과정이지."

기달이는 여전히 이해할 수 없다는 듯이 고개를 갸웃거렸다.

"에이, 말이 안 돼. 사람을 해칠 수 있는 늑대가 어떻게 집에서 기르는 개로 둔갑해?"

"물론 늑대가 바로 개가 된 건 아니야. 여러 세대를 거치면서 된 거지. 그러면서 야생성이 없어졌어. 몽골 사람들은 사냥할 때나 가축을 맹수로 지킬 때 늑대 개의 도움을 받았어. 대신 사람들이 사냥한 고기를 나눠 줬지. 늑대 개는 몽골인에게 가족과 같았어. 이런 늑대 개가 여러 나라로 뻗어 나가면서 지금의 개가 되었고."

주아는 새끼 늑대와 뛰어노는 아이들을 보았다. 사람과 가까이 지낸 동물은 자라서도 사람의 친구가 될 거라는 생각이 들었다.

"키플링의 소설 《정글 북》을 보면 늑대들이 사람인 모글리를 키우잖아. 늑대도 사람을 키울 수 있고, 사람도 늑대를 키울 수 있는 거네?"

주아 말에 엑스는 대답 대신 미소를 지었다.

"그러고 보니까, 우리 외할아버지 댁에 사는 진돗개도 저 회색 늑대랑 닮았어!"

"맞아. 우리나라 토종개들이 다른 어떤 종류의 개보다 늑대와 닮았다고 해."

엑스는 우리나라에 살던 늑대의 조상도 회색 늑대였다고 말했다.

"늑대가 개가 되다니. 아직도 안 믿어져."

인경이는 희망 버스에 다시 올라타고 난 뒤에도 계속 중얼거렸다.

"그렇다면 소나 돼지, 닭 같은 가축은 원래 어디에 살았을까? 처음부터 사람하고 살았을까?"

엑스가 하는 질문에 인경이는 고개를 저었다.

"아니, 처음에는 자연에서 살았겠지. 근데 왜 사람들이 데려와 키운 거지?"

인경이는 알 듯 말 듯한 표정이었다. 주아도 마찬가지였다. 엑스는 다시 운전석에 앉았다.

"자, 그럼 인제 야생 동물이 어떻게 사람이 키우는 가축이 되었는지 역사 속으로 한 번 들어가 볼까?"

희망 버스 1004가 다시 하늘을 향해 높이 날아올랐다.

야생 동물이 가축이 되기까지

"동물 중에서 최초로 가축이 된 건 개였어. 1만 5천 년 전이지. 소, 말, 돼지, 양, 염소 같은 동물들은 1만여 년 전에 사람들이 데려와 키우기 시작했어."

엑스는 버스 안에서 아이들에게 가축의 역사를 설명했다.

"개는 어린 늑대를 키우다 같이 살게 된 거고, 소랑 닭 같은 동물은 왜 키우기 시작했어?"

"주아야, 너는 똑똑한 척은 다 하더니 그것도 몰라? 고기를 먹으려고 키우는 거잖아."

기달이는 주아가 한 질문이 한심해 죽겠다는 말투였다. 주아가 그런 기달이를 째려봤다.

"너는 먹는 거 생각밖에 안 하지?"

"쳇, 그러는 너는 치킨이나 삼겹살 안 먹어?"

주아와 기달이가 옥신각신하자 엑스가 나섰다.

"틀린 말은 아니야. 사람들은 고기와 우유를 얻으려고 동물과 함께 살기 시작했어."

"같이 사는 동물을 잡아먹으면 더는 사냥을 안 해도 되니까. 내 말 맞지?"

기달이 말에 엑스가 고개를 끄덕였다.

"야생 동물을 사냥하며 살던 옛날 사람들은 사냥에 실패하면 굶어야 했지. 사냥을 하지 못하거나 실패했을 때를 대비해 먹을 것을 마련해야 했어."

"그래서 농사를 짓게 됐고."

이번에는 인경이가 자신 있게 말했다. 책에서 읽은 게 기억이 났기 때문이다.

"맞아. 먹을 것을 찾아다니지 않고 한곳에 정착해 농작물을 재배하다 보니 사람의 힘만으로 농사짓기가 버거웠어. 농사를 도와줄 동물을 키우게 된 게 가축이 되었어. 그 뒤로 사람들은 점점 동물의 도움을 많이 받게 되었지."

얼마 가지 않아 버스가 멈췄다. 엑스는 아이들에게 잠깐 내리라고 했다. 그때 바로 살을 에는 것처럼 매서운 바람이 몰려왔다.

"여기는 러시아 툰드라야. 유목민이 사는 곳."

몽골에 갔을 때는 버스에서 내리라는 말을 하지 않던 엑스가 툰드라에서 굳이 내리라고 한 이유를 알 수 없었다. 차가운 바람을 느끼자 아이들은 두꺼운 패딩 점퍼 생각이 절로 났다. 오리털이나 거위털이 빵빵하게 들어 있는 긴 패딩 점퍼라면 이런 추위에도 거뜬할 텐데, 지금 입고 있는 옷은 너무 얇았다. 아이들은 팔로 자기 몸을 감쌌다. 조금만 더 서 있다가는 얼어 버릴 것 같았다.

"툰드라는 여름이 짧고 겨울이 아주 길어. 겨울에는 영하 50~60도까지 내려가. 식물도 자라기 힘들 정도야. 이렇게 차가운 곳에서 사람이 살려면 동물이 꼭 필요해."

저 멀리 유목민들이 이동하는 모습이 보였다. 그들은 털옷을 입고 있었다.

"유목민들은 날씨에 따라 순록과 함께 이동했어. 순록이 교통수단이야.

순록 가죽으로 만든 천막에서 살고, 털옷과 신발도 만들었어. 그러니까 유목민에게 순록은 가장 중요한 생계 수단이야. 툰드라 유목민은 순록이 주는 혜택에 감사하며 살아갔어."

　아이들은 엑스가 버스에서 내리라고 한 이유를 알 수 있었다. 이곳에서 살려면 순록이 꼭 필요했다.

　희망 버스 1004는 어느새 에티오피아 다나킬 소금 사막으로 넘어갔다. 거기에는 무거운 짐을 운반하는 낙타가 있었다.

　"추운 곳뿐이 아니야. 더운 곳에서도 동물이 큰 힘이 되었어. 툰드라가 영하 50도라면 다나킬은 섭씨 50도가 넘어. 지구에서 가장 더운 곳이야."

버스 문이 열리자 후끈거리는 열기가 뜨겁게 전해졌다. 기달이는 소금처럼 보이는 땅에 발을 디디다가 그대로 다시 버스 안으로 후다닥 들어갔다. 씩씩한 주아도 나갈 엄두를 못 냈다.

"뜨거운 사막을 지나는 데 낙타가 없었다면 유목민이 살아가기 어려웠을 거야."

인경이는 버스 안에서 짐을 싣고 걷는 낙타를 한참이나 내다보았다.

"동물은 사람에게 꼭 필요하구나. 저렇게 사람 힘으로 하기 힘든 일을 도와주잖아. 사람들이 동물에게 정말 감사하게 생각해야 할 거 같아."

주아는 사람들이 동물의 도움을 받는 걸 보며 다른 생각을 하고 있었다.

"결국 사람에게 필요해서 동물을 키우는 거잖아. 사람들이 데려다 자기들 마음대로 가축을 만들지 않았다면, 동물들은 그냥 야생에서 마음껏 뛰어다녔을 거잖아."

주아 말을 듣고 기달이는 이해가 안 된다는 표정이었다.

"그게 뭐 어때서? 솔직히 언제 잡아먹힐지 모르는 야생보다 사람들하고 사는 게 더 낫지."

"가축으로 데려와 일도 시키고 고기로 잡아먹기까지 하는데 동물에게 그게 더 나은 삶이냐는 거지."

주아와 기달이는 서로 다른 의견으로 옥신각신했다.

"그래도 키우는 동안에는 사랑받는 동물도 많잖아."

인경이도 자기 생각을 조심스럽게 건넸다. 그 말을 듣고 기달이가 냉큼

소리쳤다.

"그렇지! 사람 덕에 편하게 사는 동물이 얼마나 많냐!"

"괴롭힘을 당하는 동물이 훨씬 더 많다는 게 문제지."

주아가 기달이를 쏘아보며 말했다.

"사람이 사는 곳에 동물이 같이 살면서 여러 가지 일이 생겨났지. 나도 그 일로 목숨을 잃을 뻔했고."

"뭐? 엑스 네가?"

"아주 오래전, 중세 시대 일이야."

"중세 시대?"

세 아이 모두 무슨 소리냐는 얼굴로 엑스를 바라봤다. 엑스가 중세 시대에 목숨을 잃을 뻔했다면 대체 엑스는 지금까지 몇 년이나 살았다는 뜻일까. 어리둥절한 표정이 가시지 않은 세 아이를 태운 희망 버스가 다시 움직였다.

중세 시대 고양이 실종 사건

희망 버스가 하늘을 나는 동안, 기달이는 눈치 없이 다 들리는 목소리로 중얼거렸다.

"그나저나 개는 집을 지키고 소는 농사를 도왔는데, 고양이는 대체 왜 키우기 시작한 거야?"

주아는 엑스가 들을까 봐 기달이를 흘겨봤다.

"사람들이 고양이를 키우게 된 것은 약 5천 년 전 이집트에서부터래. 곡물 창고에 자꾸 쥐 떼가 들끓으니까 천적인 고양이를 집마다 키우게 되었다는 거야. 이집트 사람들이 고양이를 얼마나 사랑했냐면 고양이를 죽인 자는 사형에도 처했대."

"와, 주아는 고양이에 대해 모르는 것이 없구나?"

"나도 책에서 읽은 거야."

인경이가 칭찬하니까, 주아는 쑥스러웠다.

"쳇. 쥐는 도시에 이제 살지도 않잖아. 그럼 고양이도 여기 살 필요가 없는 거 아냐?"

기달이는 고양이 이야기가 나오자 여전히 투덜거렸다.

"대체 넌 왜 그렇게 고양이를 싫어하는 거야?"

인경이가 물어보니 기달이는 어깨를 으쓱이며 대답했다.

"고양이는 좀 으스스하고 기분 나쁘잖아."

기달이 말에 주아가 톡 쏘아붙였다.

"고양이가 왜 기분 나빠? 제대로 알지도 못하면서. 조선 시대 임금님도 사랑한 동물이야. 숙종은 왕릉에서 만난 고양이를 데려다 궁궐에서 애지중지 키울 정도였다고."

"세탁소 할머니가 길고양이 보면서 고양이가 귀신을 불러온다고 했단 말이야."

그런 말은 다 미신이라고 주아가 쏘아붙였다. 기달이는 아무리 그래도 고양이를 보면 자꾸 불길한 기분이 든다고 맞받아쳤다. 조용히 듣고 있던 엑스가 뒤를 돌아보았다.

"옛날에도 기달이처럼 고양이를 불길하다고 생각한 사람들이 있었어. 중세 시대에 고양이가 전부 사라질 뻔한 사건이 일어난 것도 그 때문이지."

"고양이가 다 사라져? 그게 네가 목숨을 잃을 뻔했다는 사건이야?"

주아가 질문을 던지자 두 아이 모두 침을 꿀꺽 삼키고 엑스의 대답을 기다렸다. 무슨 이야기가 나올지 궁금한 표정들이었다.

희망 버스가 선 곳은 사람들이 군데군데 쓰러져 있는 유럽 중세 거리였다.

"엑스, 저기 저 사람들 왜 저러고 있는 거야?"

"페스트에 걸린 사람들이야."

"페스트?"

"응. 흑사병이라고도 하는데, 중세 시대에 번진 끔찍한 감염병이야. 엄청 많은 사람이 페스트로 죽었지. 고양이들까지도."

엑스 표정이 우울해 보였다. 인경이는 참지 못하고 엑스에게 물었다.

"고양이들이 왜 죽어? 페스트에 걸린 거야? 혹시 너도 그래서 죽었던 거고?"

인경이 말에 기달이가 콧방귀를 뀌었다.

"야! 여기는 중세 시대라고. 엑스가 중세에 살았다면 지금 몇 살이라는 거야? 말도 안 되는 소리잖아."

엑스는 기달이 말에 바로 대꾸하지 않았다. 혼자 과거 기억으로 잠깐 돌아간 모습이었다. 엑스가 천천히 입을 열었을 때는 모두 조용했다.

"13~17세기 유럽에서는 여자들이 마녀로 몰려 죽임을 당하는 경우가 종종 있었어. 마녀로 오해받는 사람 가운데 고양이를 키우며 혼자 사는 여자들이 대부분이었지. 사람들은 마녀가 마법을 부릴 때 고양이를 이용한다고 생각하고, 마녀로 몰린 주인을 죽일 때 고양이까지 죽이고는 했어."

"말도 안 돼! 어떻게 그런 엉터리 같은 생각을 해?"

주아는 마치 자기 앞에서 그런 일이 일어나기라도 한 것처럼 발끈하며 화를 냈다. 엑스는 기달이를 바라보며 말을 이었다.

"기달이는 고양이가 쥐를 잡는 것밖에 하는 일이 없다고 했지? 예전에는 쥐를 잡는 게 굉장히 중요한 일이었어. 유럽에 페스트가 돌았던 이유는 도시에 쥐가 넘쳐났기 때문이야. 사람들이 고양이를 마구 죽여서 쥐가 너무 많아졌어. 쥐는 페스트를 옮기는 주요 전염원이야. 당시 사람들은 그걸 몰랐어. 페스트를 옮긴 것도 마녀나 마찬가지인 고양이 때문이라고 생각했기 때문에 더 많은 고양이를 죽였지. 유럽에서 고양이가 멸종할 뻔한 사건이었어. 그 뒤로도 사람들은 고양이를 이런저런 이유로 미워하며 죽였어. 고양이는 억울하게 사람들에게 죽임을 당해야 했지."

"아무 잘못도 없이?"

"지금이라고 크게 다를 것도 없어. 시대가 흘러도 동물을 대하는 태도는 별로 좋아지지 않았어. 아니, 오히려 더 잔인해지고 있지."

엑스의 표정이 슬퍼 보였다. 희망 버스는 페스트로 얼굴과 손발의 피부가 검은색으로 변한 사람들 위를 날아 어디론가 향했다.

공장에서 태어나는 동물

"중세에 살던 고양이들, 너무 불쌍해. 솔직히 고양이한테 마녀라고 하는 건 순 억지잖아."

인경이는 충격에서 벗어나지 못한 목소리였다.

"요즘 고양이들이라고 별로 다르지도 않은 것 같은데? 길고양이라고 함부로 대하는 사람이 여기에도 있잖아."

주아 눈이 기달이를 향했다.

"야! 지금 내 이야기하는 거 맞지?"

기달이는 벌떡 일어나 소리를 질렀다. 그때 배에서 꼬르륵 소리가 났다.

"흥분할 힘도 없다. 저녁을 걸렀더니 배가 너무 고파."

세 아이 모두 저녁을 먹지 않은 채로 희망 버스에 올라탔다. 기달이 배에서 시작해 주아와 인경이 배에서도 기다렸다는 듯이 꼬르륵 소리가 났다.

"얇은 삼겹살을 바싹 구운 다음에 밥에 돌돌 말아 먹으면 진짜 맛있는데. 아, 먹고 싶다!"

"나는 햄하고 채소를 다져서 만든 달걀말이. 울 엄마가 만든 달걀말이는 정말 최고야."

기달이와 인경이가 각자 먹고 싶은 것을 말하자, 주아도 군침이 돌았다.

"난 우리 동네 씽치킨에서 구운 바삭바삭한 프라이드치킨!"

엑스는 세 아이 말을 들으며 조용히 운전만 했다. 희망 버스는 중세를 지나 빌딩 숲이 많은 도시를 지나더니, 어느새 창고 같은 집들이 늘어선 황량한 들판에 도착했다. 큰 창고처럼 보이는 사육장이 늘어선 곳이었다.

"엑스, 여기가 어디야?"

"우리가 사는 동네와 멀지 않은 곳이야."

"지금 시대로 돌아온 거야?"

엑스는 고개를 끄덕였다. 그러고는 커다란 비닐하우스같이 생긴 창고 문을 열었다.

"너희가 고기로 만나는 동물들은 이런 곳에서 살고 있어."

안에는 철창이 빽빽하게 세워져 있고 수많은 닭이 철창 틈으로 머리를 내밀고 있었다.

"쟤네는 왜 저러고 있어?"

인경이는 닭들이 울타리가 쳐진 넓은 우리에서 뛰어놀며 자라는 줄 알

앗다. 사육장 안의 닭들은 몸을 돌릴 수도 없는 곳에 꼼짝없이 갇혀 있었다. 지독한 냄새에 세 아이 모두 인상을 찌푸렸다.

"흥! 우리가 지금 왜 이러고 있냐고?"

어디선가 날카로운 목소리가 들렸다. 사나운 눈을 한 닭 몇 명이 세 아이가 있는 쪽으로 목을 쑥 빼고 있었다.

"정말 사람들은 지독히도 이기적이야. 우리를 봐! 나는 태어나자마자 이렇게 갇혀 있었어. 나와 같이 태어난 형제들 가운데 몇은 달걀을 낳는 닭으로 선택되어서 갔고, 나는 고기로 먹힐 닭으로 여기 온 거야. 이렇게 좁은 우리에서 살만 찌우다가 결국 어느 집 식탁 위에 올라가겠지."

인경이는 뜨끔한 표정을 지었다. 그러고는 '달걀 낳는 닭으로 선택되지 않으면 여기서 이렇게 꼼짝 못 하고 사는 거냐'며 조심스럽게 물었다. 그러자 닭이 코웃음을 쳤다.

"달걀 낳는 닭은 뭐 다를 줄 알아? 제대로 움직이지도 못하는 여기처럼 좁은 곳에서 평생 알만 낳다가 죽어."

"어? 닭 부리가 이상한데. 뭐 이렇게 생겼냐?"

기달이가 닭을 빤히 보다가 말했다. 닭은 부리를 내밀며 태어나자마자 잘렸다고 했다. 주아는 왜 부리를 자르냐고 묻자 닭은 날개부터 푸드덕거렸다. 대답하려다 보니 화가 치미는 모양이었다.

"이렇게 갇혀 있다 보면 스트레스를 받아서 제정신이 아닌 채로 다른 닭을 막 쪼기도 하거든. 닭이 상처 입으면 사람들한테 손해니까 아예 서로 못 쪼게 하려고 부리를 잘라 버리는 거야."

닭은 씩씩거리며 아이들을 향해 부리를 내밀었다.

"여기 봐. 상처가 있지? 딱딱한 부리라고 해도 칼날에 잘리면 고통이 엄청나. 나는 그때 다쳐서 지금까지 상처가 남았어."

주아가 고개를 가로저었다. 닭이 이렇게 끔찍한 생활을 하다니. 프라이드치킨을 먹고 싶다고 한 게 부끄러울 정도였다. 눈 앞에 펼쳐진 광경을 보고 나니 치킨을 먹고 싶다는 생각이 싹 가셨다.

"으, 최악이다. 여기는 냄새도 너무 고약해. 토할 것 같아서 더는 못 참겠어."

기달이는 닭 사육장을 나오면서 호들갑을 떨었다. 인경이도 고개를 끄덕이며 닭들이 이렇게 불쌍하게 사는지 몰랐다고 했다.

앞서가던 엑스가 인경이 말에 뒤를 돌아보았다.

"소와 돼지의 상황은 좀 나을까?"

기달이가 엑스에게 물었다.

"설마 돼지도 끔찍한 장면을 보여 주려는 건 아니지? 그런 거면 나는 안 볼래."

"왜? 돼지 보고 나면 삼겹살 못 먹게 될까 봐 겁나?"

주아 말에 기달이는 대답을 피했다. 희망 버스가 돼지 사육장 앞에 섰지만 기달이는 들어가기 싫은지 머뭇거렸다.

주아가 기달이 등을 밀었다.

"그러지 말고 현실을 같이 봐야지!"

엑스는 먼저 안에서 기다리고 있었다. 사육장에 들어서자마자 역한 냄새가 났다.

"이게 무슨 냄새야?"

인경이가 코를 막고 인상을 잔뜩 찌푸렸다. 주위를 둘러보니 닭 사육장과 별반 다르지 않았다. 촘촘하게 사각으로 짜인 금속 틀이 보였고 틀 안에 돼지가 한 명씩 들어 있었다. 몸을 돌릴 수도 없을 만큼 좁은 우리였다.

쿵. 어디선가 시끄럽게 부딪치는 소리가 들렸다.

"어이쿠. 또 누가 골이 잔뜩 났군."

바로 옆에 있던 돼지우리에서 나는 소리였다. 힘없는 표정을 지은 돼지가 이쪽을 보고 있었다.

"이렇게 차갑고 좁은 금속 틀에서 지내다 보면 답답해서 미칠 지경이 돼. 뒤로 돌 수 없고 움직일 수도 없어. 머리로 우리를 들이받는 일쯤은 아무것도 아니지."

"자기 스스로 머리를 들이받는다고?"

기달이는 괜히 아프지도 않은 자기 머리를 매만졌다.

"너무 답답하니까. 미치기 일보 직전이라 저러는 거야. 내 입속을 좀 봐. 나는 태어나자마자 마취약도 없이 위아래 송곳니 여덟 개가 잘려나갔어. 어금니로 어미 젖꼭지를 물거나 서로 싸우면서 상처를 낼까 봐 자른 거야.

다 질 좋은 고기를 만들기 위해서지. 우리 몸은 사람을 위한 고기일 뿐이니까."

돼지 눈이 아이들을 향해 있었다.

"여기서 할 수 있는 일이라고는 계속 새끼를 낳는 것뿐이야. 난 이제 포기했어. 아마 여기서 살다 곧 죽겠지. 들판을 한 번도 신나게 달려 보지도 못하고."

주아는 자신이 읽은 책 속에 나오는 돼지의 습성이 생각났다. 돼지는 땅을 파헤치고 돌아다니는 것을 좋아한다. 이렇게 갇혀 있는 거 말고.

엑스와 아이들은 돼지의 슬픈 눈을 뒤로 하고 사육장 문을 닫았다.

"닭이나 돼지를 꼭 이렇게 키워야 하는 거야? 그냥 풀어놓고 건강하게 키우면 안 돼?"

돼지 사육장을 나오면서 주아는 답답한 마음에 소리쳤다. 밖에는 넓은 들과 파란 하늘이 있는데 동물을 저렇게 답답하게 가둬 놓고 키운다는 게 이해되지 않았다.

"예전에는 그게 가능했어. 각자 자기 집에서 필요한 만큼 키울 때는 말이야. 산업이 발전하면서 많은 사람이 도시로 몰리자, 시골에서 가축을 돌볼 사람이 점점 줄어들었지. 가축을 키울 땅도 훨씬 줄었어. 할 수 없이 좁은 땅에 더 많은 가축을 키울 방법을 찾다 보니 저런 공장처럼 되어 버린 거야."

"아무리 그래도 그렇지. 저렇게 좁은 곳에서 꼼짝달싹도 못 하게 하는 건 너무 하잖아."

주아는 공장이라는 말이 끔찍했다.

"좁아야 돼지를 한 번에 더 많이 키울 수 있고 덜 움직여서 살도 빨리 찌울 수 있거든. 고기로서 충분히 몸이 커지면 바로 도축장으로 가야 해. 그게 이곳 돼지들의 운명이야."

마트에서 잘 포장된 돼지고기를 보았을 때는 그저 맛있는 음식 재료일 뿐이었다. 여기서 만난 돼지는 화도 내고 슬픔과 고통도 느끼는 하나의 생명이었다.

"우리 때문에 저렇게 살다가 죽어야 한다니……."

주아는 조그만 틀 안에서 자신을 올려다보던 닭과 돼지를 떠올리며 괴로운 표정을 지었다.

전염병이 너무해, 사람이 너무해

 다음 장소로 가는 동안, 엑스의 표정이 무거웠다. 어디를 가는지 궁금했지만 아무도 묻지 못했다.
 주변에 건물도 집도 보이지 않는 산 아래 빈터에 희망 버스가 섰다. 땅 위에는 군데군데 파란 비닐로 된 커다란 덮개가 씌워져 있었다. 엑스는 땅 위에 서서 한참이나 고개를 숙였다. 아이들은 무슨 영문인지 몰라 같이 고개를 숙였다.
 "여기 땅 색깔은 왜 이래? 하얀 먼지 같은 게 잔뜩 끼어 있네?"
 "물컹거리는 데도 있어!"
 엑스 옆에 서 있던 아이들은 이상한 느낌이 들어 얼른 발을 떼었다.
 "몇 년 전에 구제역이 돌 때 여기에 수천 명의 소가 묻혔어. 그것도 산

채로."

"살아 있는 소를 땅에 묻었다는 말이야?"

인경이는 고개를 갸웃거렸다.

"전염병이 돈다고 죽인 거야? 치료하면 되잖아."

"사람이라면 그랬겠지. 가축들은 전염병에 걸리면 다른 데로 번지기 전에 막아야 한다는 이유로 한꺼번에 살처분해. 제대로 죽음을 맞이할 기회도 얻지 못하고 그대로 땅에 묻히는 거야."

그렇게 여러 명의 소나 돼지가 한 번에 묻힌 땅에는 곰팡이가 피고 가스가 올라온다고 엑스가 알려 주었다.

"가축 전염병이 도는 이유는 공장처럼 운영되는 사육장 때문이야. 지저분한 환경에 사는 가축들에게 지나치게 많은 항생제와 살충제를 투여하기 때문에 면역력은 점점 약해질 수밖에 없어. 그런데도 사람들은 가축 전염병이 돌면 돼지고기 값이 오르고 달걀을 먹기 힘들겠다는 생각만 해. 가축들이 이렇게 비참하게 죽는 걸 모르고 말이야."

주아는 자신이 밟은 땅을 다시 내려다봤다. 하얀 곰팡이가 낀 땅 아래 수천 명의 소가 죽어 있다는 생각을 하니 끔찍했다.

"전염병에 걸리면 무조건 죽이다니. 병을 낫게 할 생각은 안 하고 왜 죽이기부터 하는 거야?"

"여기 기분 나빠. 빨리 나가자."

기달이는 자리를 피하려고만 했다.

"모르거나 피하면 이런 끔찍한 일들이 없는 게 되는 거야?"

주아도 곰팡이가 핀 땅에 서 있는 게 좋지 않았다. 그래도 무조건 피하는 겁쟁이가 되고 싶지 않았다. 인경이는 땅에 묻힌 소들이 너무 불쌍하다고 생각했지만, 기달이처럼 빨리 다른 데로 발을 옮기고 싶었다. 어차피 어른도 아닌 자신들이 할 수 있는 일은 아무것도 없다는 생각에서였다.

세 아이는 각자 무거운 생각을 안고 희망 버스에 탔다. 희망 버스는 다시 하늘을 날아 처음 탔던 공터로 돌아왔다.

"오늘 너무 많은 것을 보여 줬다는 거 알아. 평소 너희가 보아 온 동물의 모습이 전부가 아니라는 것을 알려 주고 싶었어. 이것이 끝은 아니야. 너희가 만약 다시 여행을 원한다면 여기로 와 줘."

엑스는 어느새 고양이 몸으로 돌아와 있었다. 세 아이 모두 어둠 속으로 사라지는 엑스를 지켜보았다.

인경이는 불 켜진 펫숍을 구경하지 않고 처음으로 그냥 지나쳤다. 현관문을 열자마자 고소한 기름 향이 바로 전해져 왔다.

"자, 우리 딸이 좋아하는 달걀말이."

식탁에 채소와 햄이 쏙쏙 박힌 달걀말이가 올라왔다. 평소라면 밥보다 먼저 젓가락이 갔을 반찬이었다.

인경이는 잠깐 말없이 달걀말이를 바라봤다. 닭 사육장에서 만난 닭을 생각하면 먹고 싶지 않았다. 그렇다고 좋아하는 달걀을 딱 끊고 먹지 않을 수도 없었다.

"왜 안 먹어?"

"그냥 닭들이 불쌍해서요."

인경이는 희망 버스를 타고 가서 봤다는 말은 빼고 달걀을 낳기 위해 닭들이 꼼짝도 할 수 없는 좁은 곳에서 지낸다는 말을 꺼냈다.

"알 낳는 기계처럼 사는 닭을 말하는 거지? 엄마도 전에 뉴스에서 봤어. 그때부터는 가능하면 동물 복지 마크가 붙은 달걀을 사고 있어."

"동물 복지요?"

"살아 있는 동안에는 가능한 고통을 주지 않고 존엄성을 지켜 주자는 게 동물 복지야. 불안과 스트레스를 받지 않는 환경에서 키우고 질병에 걸리지 않도록 잘 보살피는 거지."

"기계처럼 여기지 않고 생명으로 존중해 주는 게 동물 복지라는 거죠?"

"맞아."

엄마가 웃으며 고개를 끄덕였다. 인경이는 그제야 달걀말이 하나를 젓가락으로 집어 입에 물었다. 공장 같은 사육장에서 사는 닭이 낳은 달걀이 아니라는 사실만으로도 위안이 되었다. 달걀말이를 입에 넣자마자 푹신하면서 짭짜름한 맛이 입안에 퍼졌다.

"역시 엄마가 해 주는 달걀말이가 최고예요."

그때 텔레비전에서 뉴스가 흘러나왔다.

"아프리카 돼지 열병으로 돼지 수만 명이 살처분되었습니다. 여기는 돼지가 매몰된 현장인데요."

뉴스를 듣다 말고 엄마가 한숨을 쉬었다.
"또 살처분 뉴스구나. 구제역과 조류 인플루엔자가 잠잠할 만하면 돼지 열병이 퍼지고……. 가축 전염병이 점점 심해지는 것 같으니 어쩌니."
인경이는 희망 버스를 타고 갔던 매몰지가 떠올랐다.

"제대로 처리하지 못한 돼지의 핏물이 임진강 땅을 오염시키고 있습니다. 살처분한 돼지 4만여 명을 쌓아 두었더니, 돼지 사체에서 나온 핏물이 빗물과 함께 임진강으로 흘러 들어가 인근 하천을 붉게 물들이고 있습니다. 살처분을 빨리 끝내려다 벌어진 참사입니다."

"엄마, 저게 무슨 말이에요?"

"전염병에 걸린 돼지를 서둘러 살처분하려다가 그 피가 결국 강으로 흘러가 저런 문제가 생겼다는구나. 피해를 입지 않으려고 한 행동이 오히려 더 큰 피해로 돌아오는 거지."

뉴스 화면은 사람이 많이 모인 건물 앞으로 이동했다. '피해 대책 위원회'라는 팻말을 든 사람들이 시위를 하고 있었다.

> "강을 오염시킨 것은 돼지 피만이 아닙니다. 돼지 열병 확산을 막기 위해 엄청난 양의 살균제를 하천변과 들판에 뿌리면서 임진강 어류 포획량이 확연히 줄었습니다. 이는 어민들의 피해로 이어지고 있습니다."

인경이는 뉴스를 보면서 희망 버스를 타고 가서 보았던 중세 시대의 모습이 떠올랐다. 고양이를 학살했기 때문에 사람들은 쥐가 옮긴 페스트로 죽었다. 소나 돼지를 무참하게 살처분한 대가를 언젠가 사람들이 돌려받을 수도 있다는 무서운 생각마저 들었다.

인경이는 엄마에게 가축 전염병을 줄이는 방법이 없냐고 물었다. 엄마는 어려운 문제라고 답했다.

"가축 전염병은 공장식 축산이 큰 원인이니까 모든 가축을 동물 복지로 키운다면 훨씬 줄일 수 있어. 그렇게 바꾸는 건 쉽지 않은 일이야. 사람들이 고기를 많이 먹으면, 생산량도 늘릴 수밖에 없어. 지금처럼 고기를 소비하면, 공장식 축산을 멈출 수 없지."

결국 사람의 욕심이 문제라는 생각이 들었다. 순록 한 명이 주는 혜택에도 감사할 줄 알고, 먹을 만큼만 사냥하거나 키우던 시대라면 이런 일은 없었을 것이다. 동물을 공장 같은 데에서 생명이 없는 존재처럼 다루는 건 모두를 망치는 일이다.

인경이는 그날 저녁, 동물 복지로 키우는 달걀이나 고기를 사려면 어떤 걸 확인해야 하는지 인터넷으로 검색해 봤다. 동물 복지 농장을 인증하는 초록 마크를 보고 사진을 찍었다. 그러고는 주아와 기달이에게 스마트폰 채팅 메신저로 보냈다. 초등학생인 자신들이 뭘 할 수 있는지 잘 모르겠지만, 할 수 있는 게 있다면 당장 하는 게 맞는 일이라고 고개를 끄덕이면서.

동물 털이 그렇게 따뜻한가요?

"우와. 오늘 날씨가 왜 이렇게 덥냐. 분명 오늘 춥다고 했는데."
"무슨 소리야? 난 추운데."
기달이가 진수랑 교실에서 수다를 떨고 있었다.
"아, 맞다. 내가 거위털 패딩 조끼를 입어서 그런가 보다. 이게 엄청나게 따뜻하거든."
기달이는 진수에게 자기 패딩 조끼가 얼마나 빵빵한지 만져보게 했다. 진수는 이리저리 눌러보면서 부러워했다.
"솜은 이렇게 안 따뜻하지. 역시 거위털이야. 너도 엄마한테 사달라고 해."
거들먹거리며 말하는 기달이 앞으로 주아가 팔짱을 끼며 나타났다.

"주기달! 너, 그 조끼 하나 만들려면 거위가 얼마나 많이 희생되는지 알아?"

기달이는 거위를 죽이는 것도 아니고 털을 뽑아서 옷을 만드는 데 무슨 소리냐며 따졌다. 주아는 털을 억지로 뽑히는 건 아프지 않은 거냐고 받아쳤고 둘은 한참이나 서로 씩씩거리며 노려봤다.

"기달이가 입은 패딩 조끼가 그렇게 나쁜 거야? 난 잘 모르겠어."

인경이가 주아 자리로 와서 물었다.

"거위를 괴롭혀서 얻은 털로 만들었다는 게 문제지!"

"그래도 기달이 말처럼 거위를 죽이는 것도 아니고 털만 뽑는 거잖아. 그럼 괜찮은 거 아니야?"

"어떻게 뽑는지 알면 그런 말 못 할걸?"

주아는 고민하는 표정을 짓더니 아무래도 희망 버스를 다시 타러 가야겠다고 말했다. 진실을 더 알지 못하고 이대로 여행을 끝낸다면 기달이는 계속 어떤 것이 동물 학대인지 모를 거라며 덧붙였다. 인경이도 엄마와 뉴스를 함께 보고 동물 복지 이야기를 나눈 뒤라 희망 버스 생각을 하고 있던 참이었다.

"문제는 어떻게 기달이를 설득할 수 있냐는 거지. 기달이가 희망 버스를 순순히 또 타려고 할까?"

주아는 자기에게 맡기라며 기달이에게로 갔다.

"주기달, 네 말이 맞는다면 거위털 패딩 조끼는 동물에게 해를 주지 않는 거지?"

기달이는 자신 있게 그렇다고 했다. 주아에게만 들리는 소리로 자기도 희망 버스까지 타고 나서 본 게 있는데, 설마 동물을 학대한 옷을 입겠냐며 속삭이기까지 했다.

"그래? 그렇게 자신 있으면 우리 눈으로 확인해 보자."

인경이도 어느새 옆으로 왔다. 기달이는 학원 핑계라도 대고 싶었지만 어설픈 거짓말을 했다가는 주아에게 들킬 게 뻔했다. 거기다 인경이까지 같이 가자며 부추겼다. 우리 셋만 할 수 있는 특별한 여행을 놓칠 거냐며 어르고 달래는 바람에 할 수 없이 기달이도 고개를 끄덕이고 말았다.

학교를 마친 후, 공터로 가자 엑스가 기다리고 있었다. 세 아이는 자연스레 희망 버스로 올라탔다. 주아는 엑스에게 오늘 학교에서 일어난 이야기를 했다. 패딩 조끼 사건을 들은 엑스는 오늘 어디로 가야 하는지 알겠다며 운전을 시작했다.

희망 버스에 탄 아이들은 전보다 훨씬 자연스러웠다. 하늘을 날아도 무서워하지 않고 이런저런 이야기 나누는 데 한창이었다.

"주아야, 분홍 카디건 예쁘다."

"이거? 앙고라로 만든 거래. 만져 봐. 부들부들해."

주아는 팔 한쪽을 인경이 쪽으로 내밀었다. 인경이가 옷을 만졌다. 손에 닿는 촉감이 부드러웠다.

"와. 촉감이 솜사탕 만지는 것 같다. 따뜻해?"

"응. 정말 부들부들하고 포근해."

주아는 얼마 전 엄마에게 졸라 앙고라 카디건을 샀다. 대형마트에 갔다가 보드라운 인형처럼 보이는 촉감에 반했다. 엄마도 어렸을 때 앙고라 스웨터를 입곤 했다며 선뜻 사 주셨다.

"주아야, 앙고라가 뭔지 알아?"

주아가 고개를 저었다. 목화같이 어떤 식물에서 나오는 옷감이 아닌가 생각했다. 목화 사진을 본 적이 있는데 하얀 솜 같은 게 달려 있었다. 솜털처럼 부드러운 앙고라도 분명 그런 식물에서 딴 것이리라 믿었다.

엑스가 고개를 끄덕이더니 잠깐 먼저 들를 곳이 있다고 했다. 희망 버스가 선 곳은 닭을 키우던 사육장과 비슷하게 생긴 곳이었다.

엑스를 따라 들어가던 아이들은 사육장에 있는 토끼들을 보고 놀랐다. 새하얀 털이 복실거리는 토끼들이 지저분한 창살 안에 갇혀 있었다. 인형처럼 예쁜 토끼들이었다.

"어머. 저 여자애 좀 봐. 우리 털을 뽑아서 만든 옷을 입고 왔잖아."

토끼 한 명이 외치는 소리가 들렸다. 토끼털로 만든 옷? 아이들은 영문을 몰라 주위를 두리번거렸다. 토끼들은 주아를 보며 다들 웅성거렸다. 그제야 주아는 자신이 입은 앙고라 카디건을 내려다봤다.

"어, 잠깐! 일하는 사람들이 오나 봐. 다들 숨자."

엑스는 셋을 데리고 구석으로 갔다.

여러 사람이 들어와 토끼를 꺼내 나무판에 다리를 묶었다. 그런 다음 털을 깎는 기계나 가위가 아닌 손으로 마구 털을 잡아뜯었다. 토끼들은 비명을 질렀다. 어느새 토끼 속살이 분홍색으로 드러났다. 괴로워하는 토끼를 보는 주아 표정이 일그러졌다.

밖으로 뛰쳐나온 주아 눈에 눈물이 글썽였다. 자신이 입고 있는 앙고라 카디건이 토끼털이었는지도 몰랐다는 것도 부끄러웠고, 저렇게 털을 무자비하게 뽑는 사람들에게도 화가 났다. 주아는 바로 앙고라 카디건을 벗어서 멀리 던져 버렸다.

"다시는 이런 옷 안 입을 거야!"

인경이는 모르고 있었으니까 괜찮다고 달랬지만, 소용없었다. 주아는 무척 충격받은 얼굴이었다. 엑스는 아이들에게 찬찬히 설명했다.

"앙고라라는 이름이 붙은 옷은 여기 있는 앙고라 토끼 털로 만든 거야. 숙련된 기술자가 가위로 조심스럽게 자르면 좋겠지만 많

은 곳에서 이렇게 손으로 털을 뽑아. 더 길고 좋은 품질의 털을 얻는다는 이유로 말이야."

　엑스는 석 달에 한 번씩 털을 뽑는 작업이 이뤄진다고 했다. 털로 체온을 유지하던 토끼는 털이 없어지면서 스트레스로 질병에 걸리기도 하고 갑자기 죽기도 한다고 했다. 평균 6~8년을 살 수도 있는 토끼가 1~2년을 겨우 살다가 죽는다는 말에 아이들의 입이 벌어졌다.

"저렇게 예쁜 토끼가……."

기달이는 그런 이야기를 모두 듣고 있다가 퉁명스럽게 말했다.

"첫, 나한테 패딩 조끼 가지고 뭐라고 하더니 주아 너도 별수 없구나?"

주아는 기달이 말에 아무 대꾸도 없이 슬픈 표정이었다. 자신이 모르고 한 일이지만 그래도 충격이 가시지 않은 듯했다.

엑스는 희망 버스를 타고 거위 사육장으로 향했다. 그곳에는 여러 사람이 나란히 앉아 거위털을 뽑고 있었다. 거위를 무릎에 앉히고 마구 누른 채 털을 뽑아 댔다. 털을 뽑다가 거위 피부가 찢어지면 그 자리에서 피부에 바느질까지 했다. 마취도 하지 않은 채.

엑스는 패딩 점퍼 한 벌을 만드는 데 거위 스무 명의 털이 필요하다고 말했다. 태어난 지 10주도 채 되지 않아 털을 뽑힌다는 말에 기달이도 놀랐다.

"으, 내 패딩 조끼 안에 그럼 얼마나 많은 거위 털이 들어간 거야?"

"동물 학대를 하지 않는 동물 털을 사용하는 곳도 물론 있어. 그리고 동물 학대를 하지 않으려고 인공 충전재를 쓰는 곳도 많아. 선택은 사람들에게 달렸지."

돌아오는 희망 버스 안에서 아이들은 아무 말이 없었다. 앙고라의 정체를 몰랐던 주아도, 거위털 패딩 조끼를 입고 자랑하던 기달이도 창밖만 바라봤다.

그날 저녁, 주아는 엄마에게 앙고라 카디건을 버린 이유를 말하면서 다시는 동물 털로 만든 옷은 입지 않겠다고 했다.

"엄마도 가죽이나 모피가 동물 학대로 만들어진다는 건 알고 있었지만, 앙고라에 대해서는 깊이 생각하지 못했구나. 주아가 알려 줘서 고마워."

주아는 엄마와 같이 어떤 옷들이 동물 학대로 만들어지는지 검색해 보고 가죽이나 모피, 동물 털을 대신할 수 있는 옷들도 찾아봤다. 한지 재료인 닥나무로 만드는 식물성 가죽도 있고, 거위털만큼 따뜻한 인조 충전재도 있었다.

"엄마, 모르고 한 일이라고 다 괜찮은 건 아닌 거 같아요. 전 이제부터 절대 동물 학대로 만든 옷이나 제품은 갖고 싶지 않아요."

엄마도 고개를 끄덕였다. 주아는 지금 당장 동물 학대를 막는 일을 나서서 할 수 없더라도 동물 학대를 한 제품을 사용하지 않겠다는 선택은 바로 할 수 있다고 생각했다. 소비자가 줄어들면 생산도 줄어들 테니까. 주아는 우선은 하지 않아야 하는 일부터 시작하겠다고 다짐했다.

토끼 눈에 실험한 마스카라

 다음 날, 희망 버스는 지금까지 왔던 사육장과 달리 흰색 벽으로 둘러싸인 깨끗한 곳으로 왔다.
 "여기는 어디야?"
 인경이는 실험 도구가 많이 놓인 곳을 지나 한쪽 벽에 있는 토끼들을 발견하고 다가갔다. 가까이 가서 토끼들을 본 인경이는 자기 눈을 의심했다.
 "토끼들이 모두 플라스틱 상자에 갇혀 있어!"
 주아와 기달이도 토끼 옆으로 다가갔다. 토끼들은 목만 내놓고 몸은 플라스틱 안에 갇혀 꼼짝도 못 하고 있었다. 거기다 토끼 눈이 심하게 빨갰다.
 "눈이 너무 아파. 우리 좀 도와줘."
 한 토끼가 낑낑거리며 말했지만, 열쇠 같은 것으로 잠겨 있는 플라스틱

상자를 손으로 열 수 없었다. 꼼짝도 못 하게 이렇게 가둬 놓고 뭘 하려는 걸까?

잠시 후 사람들이 들어왔다. 투명한 주사기를 든 사람이 하얀 장갑을 낀 손으로 토끼의 아래 눈꺼풀을 끌어내리더니 눈 속에 뭔가를 떨어뜨렸다. 주사기에 있는 약이 토끼 눈으로 들어갔다. 토끼들이 너무 괴로워했지만 플라스틱 상자 안에 몸이 갇혀 있어 아무것도 할 수가 없었다.

가운을 입은 사람들이 나가자 세 아이 모두 뛰어나갔다. 토끼들에게 이게 무슨 일이냐고 묻자 괴로운 대답이 돌아왔다.

"안구 자극 실험이야. 사람들이 쓰는 제품에 약품을 넣기 전에 우리 눈에 먼저 넣어서 괜찮은지 실험해 보는 거야. 우리는 너무 고통스러워. 제발 여기서 우리 좀 빼내어 줄래?"

아이들은 열쇠를 풀지 못한다는 것을 알면서도 자꾸만 잡아당겨 봤다. 이리저리 흔들어 봐도 플라스틱 상자는 꿈쩍하지 않았다.

"이런 끔찍한 실험을 왜 토끼에게 하는 거야?"

인경이 눈에 눈물이 맺혔다.

"토끼는 눈물 양이 적고 눈을 잘 깜빡이지 않아서 화학물질이 안전한지 실험하는 데 적합하대. 하지만 마취도 하지 않은 눈에 화학물질을 떨어뜨리기 때문에 눈이 멀기도 하고 고통 때문에 목숨을 잃는 토끼도 많아."

엑스 말을 듣고도 모두 이해하기는 어려웠다.

"저런 실험은 꼭 필요한 거야?"

"사람에게 쓰기 전에 동물에게 먼저 사용해서 안전성을 확인하는 게 목적이야. 이렇게 동물 실험을 해도 사람에게 부작용이 있는 경우가 꽤 있는데도 말이야."

"실험을 했는데도 부작용이 있었다고? 그럼 왜 하는 거야?"

"동물 실험이 꼭 필요하다고 생각한 건 1937년 미국에서 개발한 항생제 때문이야. 이 항생제를 복용한 사람 중 107명이 사망했어. 죽은 사람 대부분이 어린아이였지. 과학자들은 안전성을 확인하려고 동물 실험을 했어. 그랬더니 실험한 동물들도 치명적인 피해를 입은 거야. 그 뒤부터 약의 안전성을 확인하는 데 동물 실험이 꼭 필요하다고 믿은 거지."

"그럼 동물 실험이 어쩔 수 없이 필요한 거 아냐?"

기달이가 하는 질문에 엑스는 바로 다음 말을 이었다.

"꼭 그런 건 아니야. 1960년 유럽에서는 3년이나 동물 실험을 한 약이 엄청난 부작용을 나타냈어. 산모들도 이 약을 먹었는데, 1만 명이나 되는 아이가 기형으로 태어났대. 동물 실험에서는 아무 부작용이 없었어. 그러니까 사람에게만 문제가 발생하는 약이었지. 반대로 폐렴균을 죽이는 페니실린은 동물 실험에서는 해로운 결과를 나타냈지만, 사람에게는 이로운 약이었어. 동물 실험 결과를 믿지 않았기 때문에 기적의 약이라고 부르는 약이 탄생한 거야."

엑스 말을 들은 기달이는 자기 머리를 마구 헝클었다. 어려운 시험 문제처럼 아무리 생각해도 정답을 알 수 없는 기분이었다.

"아휴, 진짜 모르겠다. 그럼 동물 실험을 해야 하는 거야, 하지 말아야 하는 거야?"

"농약이 얼마나 해로운지 알아보려고 비글에게 일 년 동안 매일 농약이 들어간 음식을 강제로 먹이고 해부까지 하는 동물 실험도 있어. 비글을 실험동물로 쓰는 이유는 사람을 잘 따르고 순하기 때문이야. 이 실험은 많은 나라에서 불필요하다고 없앤 동물 실험인데, 아직 우리나라에서는 하고 있어."

엑스가 해 준 비글 이야기를 듣고 가장 괴로운 표정을 지은 건 강아지를 좋아하는 인경이었다.

"동물 실험이 필요한지는 고민할 필요도 없어. 동물을 고통스럽게 하는 실험은 해서는 안 돼! 동물 실험을 하지 않고도 안전한 제품을 만들 수 있는 방법을 찾아내야지."

인경이가 흥분해서 말했다. 토끼의 슬픈 눈이 아이들을 향해 있었다.

고양이 똥으로 만든 커피

　인경이 집에 이모네 부부가 찾아왔다. 얼마 전 인도네시아로 여행을 다녀왔다며 선물을 내놨다. 인도네시아에서 유명한 루왁 커피라고 했다. 엄마는 특별한 커피라는 말에 바로 커피를 타왔다. 맛있는지 모르겠다며 고개를 갸웃거리는 엄마를 보고 이모가 크게 웃었다.
　"루왁 커피는 그냥 커피콩으로 만든 게 아니라 사향고양이 똥에 있는 커피콩을 깨끗이 씻어서 만든 커피거든. 그러니까 똥 속에서 발견한 보물인 거지."
　똥 속에 있던 커피라는 이모 말에 엄마는 인상을 쓰면서 루왁 커피가 아니라 '우웩' 커피라면서 웩웩거렸다. 이모는 이게 얼마나 귀한 건 줄 아냐며 루왁 커피의 인기에 대해 자랑했다.

"루왁 커피를 왜 세상에서 제일 비싼 커피라고 부르는지 알아? 야생에 사는 사향고양이 뒤를 쫓아다니면서 똥에서 커피콩을 찾아서야. 그게 얼마나 힘들겠어. 그만큼 고급 커피란 거지."

이모 말을 듣고 보니 정말 그랬다. 숲속에서 사향고양이 똥만 뒤지며 다니는 사람들을 생각하니 조금 웃기기도 했다.

인경이는 루왁 커피 티백 두 개를 가방에 넣었다. 주아와 기달이에게 사향고양이 똥에서 나온 커피를 보여 준다면 분명 재미있어할 거라 생각했다.

인경이가 보낸 문자를 받고 놀이터로 나온 주아는 사향고양이 똥에서 나온 커피라는 말에 인상을 썼고 기달이는 자기가 먹을 수 있는 것도 아닌데 이런 걸 왜 주냐며 시큰둥했다. 인경이는 귀한 선물을 주는 데 가치를 모른다며 쌜쭉한 표정을 지었다. 그때 세 아이 앞으로 엑스가 지나갔다.

"엑스 아니야?"

아이들은 엑스가 자신들을 살짝 보다가 지나치는 것을 보고 따라갔다. 마치 할 말이라도 있다는 듯 엑스는 희망 버스가 있는 곳으로 앞서갔다. 희망 버스 앞에 가자 엑스의 두 다리가 사람처럼 길어졌다. 엑스가 운전석에 앉기도 전에 아이들은 이미 희망 버스에 타 있었다.

"쳇, 세상에 먹을 게 얼마나 많은데. 고양이 똥 속에서 커피콩까지 뒤져서 씻어 먹다니. 어른들은 참 이상해."

기달이는 아무리 생각해도 자꾸 똥 생각만 나는 모양이었다.

"똥에서 커피를 찾아낸다니까 동물을 괴롭히는 건 아니겠지만 어쩐지 찝찝하긴 하다."

주아도 별로 내키지 않은 표정이었다.

희망 버스는 하늘을 한참 날다가 나무가 많은 숲속에 착륙했다.

"이번에는 숲에서 뛰어노는 동물들을 만나는 거야?"

주아가 묻기 무섭게 창밖으로 동물들이 보였다.

"와, 저것 봐. 너무 귀여워. 엑스, 저 동물은 이름이 뭐야?"

인경이가 가리킨 동물은 나무 위에 있었다. 다람쥐를 닮은 것 같기도 하고 고양이 같기도 했다.

"사향고양이야."

엑스 말에 인경이가 놀라며 다시 쳐다보았다.

"똥으로 커피 만드는 바로 그 사향고양이?"

"맞아. 하지만 자기들 똥에서 사람들이 커피콩을 발견하면서부터 사향고양이의 불행이 시작됐지."

인경이는 그게 무슨 말이냐고 물었다. 대답 대신 엑스는 나무 사이로 혼자 걸어갔다. 아이들은 눈이 유리알처럼 투명한 사향고양이에게 반해 더 있고 싶었지만 할 수 없이 엑스를 따라갔다. 잠시 후 도착한 곳은 양쪽 벽에 지저분한 철창이 가득한 농장이었다.

"어? 아까 만난 사향고양이잖아!"

숲에서 만난 사향고양이와 전혀 다른 모습이었다. 비쩍 마른 몸에 털은 마구 헝클어져 있었다.

"으, 냄새."

인경이는 손가락으로 코를 꼭 막았다. 사향고양이 몸이 소변으로 젖어 있었다.

"사향고양이들을 왜 이렇게 가둬 둔 거지?"

"사람들에게 루왁 커피의 인기가 많아졌기 때문이야."

엑스는 루왁 커피를 찾는 사람이 많아지자, 야생에서 주운 사향고양이 똥만으로는 사람들이 원하는 양을 채울 수 없다고 했다. 루왁 커피를 팔아 돈을 벌고 싶은 사람들은 사향고양이 똥을 줍는 게 아니라 사향고양이를 기르는 방법을 생각해냈다.

"똥에서 커피를 얻겠다고 이렇게 기르는 거라고?"

그때 사향고양이 한 명이 기운 없이 누워 있다가 사납게 이빨을 보이며 으르렁거렸다.

"그래! 이게 모두 똥 때문이야. 우리 똥에서 커피를 얻겠다고 여기로 잡아왔지. 평화롭게 숲에 살다가 가족과 헤어져 여기에 갇혔어. 숲에서 뛰어놀던 우리는 이제 커피 기계처럼 커피 열매를 먹고 커피 똥을 싸는 신세가 되어 버렸단 말이야."

인경이는 귀엽게만 봤던 사향고양이가 화를 내자 깜짝 놀라면서도 조심스럽게 물었다.

"커피 열매만 먹어서 이렇게 마른 거야?"

"응. 생각을 해 봐. 커피 열매만 먹이는데 어떻게 살이 찔 수가 있어? 난 커피를 너무 먹어서 속이 울렁거려."

주아는 엄마가 빈속에 커피를 마시면 속이 아프다고 말하던 게 생각났다. 커피는 식사 후에 주로 마셨다. 여기 있는 사향고양이는 밥 대신 커피만 먹는다니, 그래서일까. 그냥 보기에도 야생에서 보던 사향고양이와 철창에 갇힌 사향고양이는 너무 달랐다. 아이들 눈앞에 있는 사향고양이는 꼬리 끝에 털이 다 빠지고 맨살이 그대로 드러나 있었다. 군데군데 벗겨진 피부에는 피까지 고여 있었다.

"근데 꼬리는 왜 저래? 너무 아파 보여."

좁고 더러운 곳에 갇혀서 커피만 먹는 게 힘들어서 스트레스로 자기 꼬리를 물어뜯은 거라고 사향고양이가 말했다. 옆에 있는 다른 사향고양이는 제자리를 빙빙 돌기만 했다.

엑스가 사향고양이 사육장을 나오며 말했다.

"지금까지 루왁 커피의 향이 독특했던 것은 야생에서 돌아다니던 사향고양이가 향이 좋은 커피 열매를 찾아서 먹었기 때문이야. 이런 지저분한 농장에서 질이 나쁜 커피 열매를 먹이면 당연히 향도 질도 나쁜 루왁 커피가 나올 수밖에 없어. 사람들은 그것도 모르고 루왁 커피라면 다 귀한 것인 줄 알고 사는 거야."

인경이는 이모가 사 온 루왁 커피도 이렇게 사육되는 사향고양이 똥에서 나왔을지 모른다고 생각하니 마음이 아팠다.

엑스는 슬픈 눈으로 사향고양이들을 바라보며 혼잣말을 했다.

"루왁 커피 때문에 사육해 놓고 병든 사향고양이는 야생에 버려. 평화롭게 숲을 누비던 사향고양이들이 지금은 사람들에게 함부로 이용당하고 쓸쓸히 생을 마감하고 있어."

인경이도 만약 사람들이 사향고양이 똥에서 커피콩을 발견해서 먹지만 않았다면 세상에 루왁 커피가 나오지 않았을 거고, 사향고양이들이 철창 신세가 될 일도 없었을 거라는 생각이 들었다. 인경이는 기달이와 주아에게 주었던 루왁 커피를 돌려 달라고 했다. 그러고는 쓰레기통에 그대로 던졌다.

"사향고양이에게 고통을 줘서 얻어지는 이런 커피는 없어져 버리면 좋겠어!"

철창에 갇힌 슬픈 눈동자

"엑스! 우리는 꼭 이런 데만 다녀야 해? 사실 괴롭힘당하는 동물이 있기도 하지만 사람들 덕분에 안전하게 사는 동물도 있잖아."

기달이는 희망 버스가 동물을 학대하는 곳만 다녀서 불만이었다.

"어떤 곳을 말하는 거야?"

엑스는 기달이 눈을 똑바로 응시했다.

"음, 그러니까…… 동물원 같은 데 말이야. 동물을 좋아하는 사람들을 위해 만들었지만, 그 안에서 동물들이 안전하게 지내잖아. 아무 하는 일도 없이 주는 먹이를 먹고 사니까 얼마나 편해?"

기달이는 동물원 갈 때마다 바위 뒤에서 잘 나오지도 않던 사자와 느릿느릿 움직이며 사람들에게 관심도 없던 곰을 떠올렸다.

그런 동물을 볼 때면 팔자 편하다는 생각이 절로 들었다.

"야생에서 서로 싸우다가 잡아먹힐 일도 없고, 사람들에게 사냥당할 일도 없이 동물원은 안전한 곳이잖아. 그게 동물들에게 사람이 주는 혜택 아니야? 덕분에 우리는 다양한 동물도 구경할 수 있고 말이야. 난 길거리에 사는 동물들은 싫지만 동물원에 있는 동물은 좋아. 특히 코끼리는 아무리 봐도 질리지가 않아."

"주아와 인경이도 동물원에 사는 동물들이 편하다고 생각해?"

엑스가 다른 두 친구를 향해 물었다. 인경이도 조심스럽게 기달이 편을 들었다.

"동물원은 자연하고 비슷하게 만들어져 있잖아. 동물은 울타리 안에 있고 우리는 멀리서 구경만 하니까 괜찮지 않아?"

기달이는 인경이 말에 맞장구를 쳤다.

"맞아. 동물원은 동물을 보호하는 곳이라고."

주아는 두 친구 말에 찬성할 수 없었다.

"자연처럼 만들어졌을 뿐이지. 동물들이 살던 곳이 아니잖아. 만약 나를 그런 울타리 안에 넣어 둔다면 하루도 못 버틸 거야."

세 아이가 동물원에 대해 이야기하는 동안, 희망 버스가 한 동물원에 도착했다. 우리 안에 퓨마 한 명이 보였다. 퓨마는 같은 자리를 계속 돌고 있었다.

"저 퓨마와 함께 살던 퓨마는 얼마 전 동물원을 탈출했어. 자유를 얻은지 네 시간 만에 사람이 쏜 총에 맞아 죽었지."

주아도 그 퓨마 이야기라면 똑똑히 기억이 났다. 엄마와 같이 뉴스를 보다가 화가 났기 때문이다.

탈출한 퓨마를 찾기 위해 경찰과 군인, 소방대원까지 수색에 나섰다. 수색대는 우리에서 200미터 정도 떨어진 곳에서 퓨마를 발견했지만, 생포에 실패하자 총을 쏴서 죽이고 말았다.

"퓨마가 사람을 해치지도 않았는데, 총으로 쏜 건 너무해."

주아 말에 기달이는 고개를 저었다.

"퓨마는 맹수잖아. 빨리 안 잡고 마구 돌아다니다가 사람을 해치기라도 하면 어떻게 하냐?"

"얼마 전 얼룩말 세로가 어린이 대공원에서 탈출했을 때는 마취제로 무사히 잡아서 되돌려 보냈잖아. 퓨마가 맹수라고 해도 죽일 필요까진 없었어."

인경이는 어느 쪽의 말이 옳은지 판단이 서지 않았다. 주아 말을 들으면 주아 말이 맞았고, 기달이 말을 들으면 기달이 말도 일리가 있었다. 동물이 괴롭힘을 당하는 것은 안 되는 일이지만 그렇다고 사람을 해칠 수 있는 동물이 길거리를 활보하는 걸 그냥 두는 것도 위험하다는 생각이 들었다.

인경이는 그보다도 지금까지 본 사육장 동물들처럼 동물원 퓨마가 우리를 왔다 갔다 반복하는 게 신경 쓰였다.

"남겨진 퓨마는 외로워서 저러는 걸까?"

"혼자 남겨져서 슬픈 것도 있겠지만 원래 퓨마는 광활한 곳을 뛰어다니는 동물이야. 그런 야생 동물을 그렇게 가둬 놓는 것은 학대와 다를 게 없어."

"그럼 주아 너는 동물원이 없어져야 한다는 거야?"

주아가 고개를 끄덕이자 기달이는 팔짝 뛰었다.

"무슨 소리야. 동물원이 없어지면 동물의 생태를 체험해야 하는 우리 어린이는 어디 가서 동물을 보냐? 우리가 아프리카까지 가서 동물을 볼 순 없잖아."

"나도 동물원이 좋아. 동물원이 없어지면 사자나 호랑이 같은 야생 동물을 만날 기회가 아예 없어지는 거잖아."

인경이도 동물원이 필요하다고 생각했다.

"너희가 동물원에 가서 동물을 보는 이유는 뭐야?"

엑스가 질문을 던졌다.

"그거야 동물들이 어떻게 생겼는지, 어떻게 생활하는지 직접 눈으로 보고 싶은 거지."

"동물원에서 동물들이 생활하는 걸 잘 볼 수 있었어?"

"그건……."

생각해 보니 동물원 동물들은 영화에서처럼 뛰어다니지도 않았고 소리를 내지도 않았다. 그저 서성이거나 힘없이 앉아 있는 동물이 많았다.

"갇혀 있는 동물들을 보는 건 자연 속에서 살아가는 동물을 보는 것과는 달라. 진짜 모습으로 살아갈 수 없으니 스트레스로 저런 이상한 행동을 보이는 거야."

기달이도 동물원에 있는 동물들이 자연 속에 있는 동물처럼 자유롭지 않다고 생각했다. 그래도 자연 속에 있는 동물이 무조건 안전하다고 생각하지도 않았다.

"동물원이 정말 꼭 나쁘기만 한 거야? 동물원은 동물을 연구하기도 하고 멸종 위기 동물을 보호하기도 하잖아. 멸종되지 않도록 번식시키는 일도 해. 멸종 위기 동물이 야생에 살다가 서식지가 파괴되면 살 곳이 없어지거나 사냥을 당할 수도 있잖아."

주아 생각은 달랐다.

"야생이 아닌 동물원에서 동물을 제대로 연구할 수 있을까? 야생에 사는 동물과 동물원에 사는 동물은 같을 수 없어. 침팬지를 연구하는 제인 구달 박사님도 동물원이 아니라 침팬지 서식지로 들어가서 연구를 했잖아."

자기가 태어난 곳에서 자유롭게 살아야 할 야생 동물을 좁은 곳에 가두고 어린이에게 체험하라고 하는 게 무슨 교육이냐고 주아가 말했다. 그러더니 예전에 갔던 실내 동물원 이야기를 꺼냈다.

"이렇게 동물들이 바깥에 나와 있을 수 있는 동물원은 그래도 좀 나은 거야. 나는 실내 체험 동물원에 가 보고 정말 놀랐어."

"거기가 어때서? 난 동물을 직접 만져 볼 수 있어서 좋던데."

기달이는 고슴도치도 손으로 만져보고 백사자에게는 먹이도 던져 주었다고 자랑했다. 스마트폰 안에는 사막여우를 무릎에 올려놓고 찍은 사진도 있다고 보여 주었다. 인경이도 이렇게 가까이서 동물을 보고 만지면서 교감을 할 수 있으니 좋은 거 아니냐고 말했다.

"정말 웃기고 있군. 교감이라고? 서로 느끼는 게 너무 다른데 어떻게 교감이라고 할 수 있어?"

어디선가 비웃는 소리가 들렸다. 철창 사이로 얼굴을 내민 침팬지였다. 침팬지는 아이들에게 침을 찍 뱉으며 말했다.

"사람들이 우리를 만지려고 하거나 나뭇가지로 찌르려고 하는 게 교감이라고 할 수 있을까? 먹지도 못하는 걸 막 던지는 사람들은 어떻고? 게다가 여기는 말이야. 내가 살던 곳과 너무나 달라."

침팬지는 흥분해서 말하다가 갑자기 눈물을 뚝뚝 흘렸다.

"내가 여기로 어떻게 왔는지 알아? 새끼인 나를 야생에서 포획해 오려고 사냥꾼이 엄마를 먼저 총으로 쐈어. 죽어가는 엄마 옆에 새끼가 꼭 붙어 있으면 생포하기 쉽기 때문이야. 엄마를 죽이고 나를 여기로 끌고 온 게 사람들인데, 내가 그런 사람들과 무슨 교감을 할 수 있지?"

주아는 침팬지의 슬픈 눈을 봤다. 뭐라고 말해 줘야 할지 몰랐다. 말을 다 끝낸 침팬지는 무엇을 보는지도 모르게 멍하니 다른 곳을 보고 있었다. 이곳이 아닌 곳을 그리워하는 것처럼.

동물원을 나오는 동안, 세 아이는 각기 다른 생각에 잠겼다.

"동물원은 그럼 없어져야 하는 걸까?"

인경이가 조심스럽게 말을 꺼내자 주아는 그래야 한다고 답했다. 기달이는 여전히 떨떠름한 표정이었다.

"예전에는 동물원에 사람을 가둬 놓고 구경하던 시대도 있었어. 미국 뉴욕 동물원에는 아프리카 피그미족을 전시했고 독일 하겐베크 동물원에서는 라플란드, 아프리카, 알래스카에 사는 사람들을 데려와서 구경거리로 전시했어."

엑스 말을 듣고 세 친구 입이 저절로 벌어졌다.

"말도 안 돼!"

기달이가 가장 흥분했다.

"사람을 전시하다니. 정말 야만인들이네. 자기들이 무슨 권리로 사람을 전시해!"

엑스는 기달이를 바라보며 물었다.

"그럼 사람들은 무슨 권리로 동물을 전시할까? 동물들에게는 동물원이 필요없어. 사람들에게 필요할 뿐이야."

동물 공연은 인제 그만

해외여행을 다녀온 진수가 쉬는 시간에 반 아이들에게 동영상을 보여 주며 신이 나 있었다.

"여기 가면 엄청 유명한 수족관이 있거든. 거기 야외에서 돌고래 공연을 하는데 끝내줘. 내가 찍은 동영상을 봐봐. 조련사가 시키는 대로 엄청나게 잘 하지 않아?"

진수가 보여 주는 동영상에서는 귀여운 돌고래 세 명이 조련사가 시키는 대로 공을 돌리기도 하고 점프를 하는 등 여러 가지 묘기를 보여 주었다. 돌고래가 이렇게 사람 말을 잘 알아듣는 동물이라니……. 기달이도 보면서 빠져들었다.

진수와 기달이가 열심히 동영상을 보고 있는데, 주아와 인경이가 옆에 나타났다.

"고진수. 너, 돌고래가 그런 공연을 위해 얼마나 힘든 훈련을 하는지는 알고는 있니?"

주아 말에 진수는 연습이라는 게 원래 다 그런 게 아니냐며 자기 같은 몸치도 학예회 때 댄스 연습하느라 힘들었다고 농담을 했다. 주아는 진수에게 예능만 보지 말고 다큐멘터리 프로그램도 좀 보라고 핀잔을 놨다. 머쓱해진 진수는 주아에게 자기도 알만큼은 안다고 뻐겼다.

"조련사들이 돌고래가 묘기를 잘 부리면 머리를 쓰다듬고 칭찬하면서 예뻐하기만 하던데? 네가 뭘 잘못 알고 있는 거 아니야? 게다가 공연을 잘 한 돌고래는 물고기를 상으로 준단 말이야. 그 정도로 잘 해 주니까 조련사 앞에서 멋지게 해내려는 게 당연하지."

기달이는 진수가 말할 때 옆에서 고개를 끄덕였다. 주아는 진수와 기달이에게 진실을 알려 줘야 했다.

"단지 먹이를 얻으려고 그 어려운 동작을 연습할 수는 없어. 너희는 사람들이 왜 돌고래 공연을 반대하는지 알고 있어?"

진수는 돌고래 공연을 반대하는 사람들이 있다는 말조차 처음 듣는다고 했다. 인경이도 사실 어릴 적 놀이동산에서 돌고래 공연을 보고 좋아했던 경험이 있어서 아무 말 못 하고 듣고 있었다.

주아는 돌고래 공연을 위해 돌고래에게 시키는 훈련이 혹독하기 때문에 동물 학대와 다를 바 없다고 말했다.

"너, 혹시 내가 해외여행에서 돌고래 공연을 보고 온 게 샘나서 이러는 거 아니야? 무슨 동물 학대까지 나오냐? 됐어. 너한테는 안 보여 줄 거니까 그만하시지."

진수는 더는 듣기 싫다는 듯 자기 자리로 가 버렸다. 기달이도 주아와 인경이 눈치를 보다가 진수를 따라 자기들 자리에 앉았다.

그날 세 아이가 다시 모였을 때, 엑스가 데려간 곳은 푸른 바다가 펼쳐진 섬이었다. 바다 앞에는 무대처럼 만들어진 조그만 수영장이 있었고 하얀 앞치마를 입은 조련사가 서 있었다. 조련사들은 수영장 뒤로 가서 돌고래를 데리고 나왔다.

"아까 학교에서 진수가 말한 돌고래 공연 아니야?"

기달이는 기대에 찬 목소리였다. 잠시 후, 돌고래 세 명이 조련사 손짓에 따라 점프를 했다. 높낮이가 다르게 뛰어올라 빙글빙글 돌 때는 많은 사람의 박수를 받았다. 공을 머리로 튀기기도 하고 입으로 빙글 돌리기도 하는 모습은 세 아이가 보기에도 너무 귀여웠다.

엑스는 정신없이 돌고래 공연을 보는 아이들을 데리고 무대 아래로 내려갔다.

"돌고래 공연을 하기 바로 전으로 돌아가 볼까?"

아이들은 무슨 말이냐는 표정이었다.

엑스는 무대 아래를 향해 손가락을 빙글빙글 돌렸다. 그러자 무대 아래

텅 빈 수영장에 어느새 아까 본 돌고래와 조련사가 있었다.

"오늘따라 행동이 왜 이렇게 굼떠!"

한 조련사가 자기가 맡은 돌고래에게 화를 내고 있었다. 그러더니 뾰족한 꼬챙이로 돌고래 몸을 마구 찔렀다. 다른 쪽 조련사도 마찬가지였다. 돌고래에게 오늘은 아무것도 못 먹을 줄 알라며 호통쳤다.

잠시 후 조련사가 자리를 비웠을 때, 주아가 돌고래에게 다가갔다.

"조련사가 왜 저렇게 화를 내는 거야?"

말을 건네자 슬픈 표정을 한 돌고래가 다가왔다. 돌고래는 대답 대신 어제부터 굶었다며 몰래 물고기를 가져다줄 수 있냐고 했다. 기달이와 인경이가 뒤에 놓인 물고기 통을 들고 왔다. 물고기를 실컷 먹은 돌고래들은 그제야 살 것 같은 표정이었다.

"공연을 준비하는 건 너무 어려워. 오늘 공연을 망치면 우리를 가만 안 둘 거야. 조련사들이 화풀이로 매질하기도 하고 먹이를 아예 안 주고 굶기기도 해."

돌고래는 살 것 같다며 트림까지 꺼억 하고 꼬리지느러미를 살랑거렸다.

"수족관은 우리에게 너무 좁아. 바다에 살 때는 하루 100킬로미터를 자유롭게 헤엄치면서 살아 있는 물고기를 자유롭게 잡아먹었어. 그러다가 잡혀 와서 좁은 수조에 갇혀 있다 보니 오래 살지 못하고 죽은 돌고래 친구도 많아. 사람들은 돌고래를 좋아한다는 이유로 우리를 여기에 가둬 두지. 돌고래의 지능이 높다는 건 너희도 알 거야. 당연히 우리가 느끼는 감정도 사람 못지않게 다양해. 우리는 가족끼리 무리 지어서 살아야만 해. 여기는 우리에게 감옥과 같은 곳이야. 바로 눈앞이 바다인데도 여기에서 사람들 앞에서 공연을 해야 한다는 사실이 너무 슬퍼."

인경이는 동물 공연을 할 때 웃는 얼굴이던 돌고래는 사실 웃는 게 아니라는 걸 깨달았다. 어쩌면 우는 표정일지도 모른다.

엑스는 전 세계 돌고래 공연장과 수족관에 있는 돌고래들은 일본 와카야마현 다이지 마을에서 데리고 온다고 했다. 다이지 마을은 해마다 수백 명의 돌고래를 '몰아 잡기'라는 잔인한 방법으로 잡고 있다. 좁은 곳으로 돌고래 떼를 유인해 칼과 작살로 마구 도살한다. 그러면 바닷물이 고래의 피로 새빨갛게 물든다. 그 가운데 살아남은 돌고래는 비싼 값으로 다른 나라 수족관에 파는 것이다.

"너무 끔찍해. 돌고래는 떼로 무리 지어 다니니까 자기 종족이 눈앞에서 죽는 걸 볼 수밖에 없잖아. 종족을 끔찍하게 학살한 사람 앞에서 공연을 해야 한다니. 나라면 절대 하고 싶지 않을 거야."

엑스는 주아 말에 고개를 끄덕였다.

"스트레스가 너무 심한 돌고래는 스스로 숨을 쉬지 않고 자살하거나 사육사를 공격하기도 해. 다행히 세계 여러 나라에서 더는 돌고래 공연을 포함한 동물 공연을 하지 않겠다고 발표했어. 캐나다에서는 아예 돌고래를 잡거나 사육하는 걸 금지하는 법이 발효되기도 했고 말이야."

엑스 말에 인경이는 다행이라는 표정이지만 주아는 고개를 저었다.

"아직도 돌고래 공연을 하는 나라들이 많이 남아 있대. 우리나라도 마찬가지고. 흰고래인 벨루가를 타는 체험을 아직도 하고 있다는 뉴스를 얼마 전에도 봤어."

주아 말을 듣고 인경이는 갑자기 남방큰돌고래 제돌이 이야기가 생각났다. 제주 바다에서 불법으로 잡혀 서울 대공원에 갇혀 있던 제돌이는 많은 사람들의 도움으로 자신이 살던 제주 바다로 돌아갔다. 돌고래를 다시 바다로 돌려보내 준 것은 우리나라에서 처음 있는 일이라고 했다. 그림책으로 읽은 제돌이 이야기는 인경이의 기억에 오래 남아 있는 사건이었다.

"수족관에서 공연을 하는 건 돌고래에게 자연스러운 삶이 아니야. 바다에서는 40~50년을 사는 돌고래가 수족관에서는 10년도 채 못 사는 것만 봐도 알 수 있잖아. 나는 그 이야기를 듣고 마음이 아팠어."

엑스는 거기에 덧붙여 수족관에서 새끼 돌고래를 낳는 일은 더 안타까운 결과를 가져오기도 한다고 알려 주었다. 태어난 새끼 돌고래 열 명 가운데 살아남는 건 한 명이 채 안 된다는 것이다.

"돌고래 공연을 구경하는 것은 돌고래랑 정서를 나누는 일이 아니야. 또 돌고래 생태를 보는 것과도 아무 상관이 없어. 오히려 동물 학대로 돌고래 수명만 줄일 뿐이야. 호주와 노르웨이 같은 나라에서는 돌고래 공연 대신 자유롭게 바다에서 헤엄치며 살아가는 고래를 구경하는 고래 생태 관광을 운영하고 있대. 남아프리카 공화국은 정부와 시민단체의 노력으로 600명까지 줄었던 혹등고래가 고래 생태 관광으로 3만 마리로 늘었다고 해."

주아도 돌고래를 좋아해서 해 줄 말이 많았다. 고래 배설물은 바다에 철분을 제공하고, 철분은 바다 먹이 사슬 가장 밑에 있는 식물 플랑크톤의 필수 영양소라는 말을 친구들에게 건넸다. 그러니까 고래 수가 줄어드는 건 해양 먹이 사슬이 붕괴하는 이유라는 설명도 덧붙였다.

인경이는 희망 버스를 타면서 사람 욕심이 동물을 불행하게 하고 생태계를 망친다는 생각을 많이 하게 되었다고 말했다.

"사람들이 동물을 자기 마음대로 이용해도 된다는 욕심만 줄이면 생태계는 훨씬 잘 돌아갈 거야."

주아도 맞는 말이라며 맞장구를 쳤다. 두 친구를 보며 기달이가 혼자 중얼거렸다.

"난 태국으로 가족 여행 가서 코끼리가 공연하는 것도 본 적 있는데. 코끼리도 돌고래처럼 힘들게 훈련하는 걸까?"

"네가 코끼리를 자세히 봤다면 학대가 얼마나 심한지 알았을 거야. 조련사들은 코끼리를 훈련시키려고 갈고리 같은 것으로 몸을 마구 찍어."

"코끼리는 엄청 순한 동물인데, 왜 그렇게 해?"

인경이가 묻는 말에 엑스는 코끼리가 지닌 야생성을 없애기 위해서라고 설명했다. 코끼리를 길들이려고 조련사들은 새끼 코끼리를 어미 코끼리에게서 떨어뜨린 다음 쇠꼬챙이같이 날카로운 것으로 마구 찌른다고 했다. 이때 새끼 코끼리 절반 이상은 죽고 겨우 살아남은 코끼리들은 그때부터 어미 코끼리도 알아보지 못하고 사람이 시키는 대로 행동하게 된다고 엑스가 알려 주었다.

"말도 안 돼. 그럼 내가 탄 코끼리도 그렇게 당한 거야?"

기달이 표정이 달라졌다. 엑스는 고개를 끄덕였다.

"내가 가장 좋아하는 동물이 코끼리야. 태국 가서 코끼리를 타고 싶다고 졸라서 간 여행이었는데, 사람들에게 보여 주고 등에 태우려고 그렇게 학대당했다니……."

엑스는 고개를 끄덕였다.

"태국에서도 코끼리를 타지 말자는 사람들이 점점 늘고 있어. 사람들이 타지 않아야 코끼리를 억지로 훈련시키는 일도 줄어들겠지."

세 아이 모두 엑스 말에 고개를 끄덕였다.

우리는
오락 도구가 아니야

"와아!"

경기장을 가운데 두고 사방 층층이 앉은 관객들이 소리를 지르고 있었다.

"여기는 어딘데 이렇게 시끄러운 거야?"

인경이는 귀를 막았지만, 기달이 눈은 반짝였다.

"옛날 경기장 같은데? 무슨 경기를 하는 거지?"

경기장에는 근육이 우락부락한 검투사 여러 명이 번뜩이는 칼을 들고 있었다.

"나온다!"

누군가가 악을 쓰자 한쪽에 있는 문이 열렸다. 거기에서는 커다란 사자가 나왔다. 동물원에서 보던 것보다 훨씬 크고 위협적인 모습이었다.

"찔러라, 찔러!"

사람들이 검투사에게 소리쳤다. 사자와 검투사의 싸움을 지켜보는 경기였다.

"뭐야? 사람이랑 사자랑 싸우게 한단 말이야? 왜?"

"그걸 재미로 보려고 사람들이 모여드니까."

엑스 말이 끝나기도 전에 검투사들이 사자를 향해 달려들었다. 사자는 크게 소리를 내지르며 검투사를 향했다. 한 검투사 얼굴에 피가 맺혔다. 피를 본 사람들은 더욱 거세게 소리를 질렀다. 이번엔 검투사들이 동시에 칼을 들고 사자를 향했다.

사자 몸에 칼이 꽂혔다. 사자는 바로 쓰러지지 않았다. 자기를 찌른 검투사를 발톱으로 할퀴었다. 그때 반대편에서 다른 검투사가 사자 몸에 칼을 찔렀다. 사자는 조금 걷는 것 같더니 이번엔 주저앉았다. 일어서지 못하는 사자에게 검투사의 칼이 다시 날아왔다.

사람들은 함성을 질렀다.

"와, 검투사가 이겼다."

너무 잔인한 경기였다.

"바바리 사자는 숲에서 가장 강한 사자야. 로마 콜로세움에서는 이런 잔인한 경기를 위해 바바리 사자를 잡아왔어. 당시 로마에는 천 개가 넘는 콜로세움이 있었으니, 얼마나 많은 사자가 희생되었을지 상상도 안 되지."

주아는 숨이 끊어져 가는 사자를 보는 게 가슴 아팠다.

"정말 잔인해. 사자를 죽이는 게 뭐가 재미있다고."

"지금도 동물과 하는 싸움을 경기처럼 즐기는 사람들이 있어. 너희 혹시 투우라는 경기를 알고 있니?"

기달이는 고개를 갸웃거렸다.

"전에 만화책에서 본 거 같은데? 그거 사람이 막 소를 유인하고 그러는 거 아니야? 이렇게."

기달이는 두 팔을 벌려서 이리저리 휘저었다.

"맞아. 스페인에서는 투우사가 빨간 천으로 소를 유인해. 그러면서 칼을 이리저리 소에게 휘두르지."

"스페인에서는 투우가 전통이라던데?"

기달이는 책에서 본 기억을 떠올렸다.

"스페인에서는 전통이라고 말하지만, 동물 학대라고 말하는 소리가 점점 많아지고 있어. 우리나라 소싸움도 마찬가지고."

"우리나라에서도 스페인처럼 사람이 소하고 경기하는 거야?"

"우리나라 소싸움은 소와 소가 경기하는 거야. 머리를 맞대고 밀치기를 하면서 서로 힘겨루기를 해. 소싸움을 보러 오는 사람들 때문에 관광산업이 잘 된다는 의견도 있지만, 격렬하게 싸우다가 소가 죽기도 하고 병에 걸리기도 하거든."

"소끼리 싸우다가 죽기도 한단 말이야?"

주아가 놀라서 묻자 엑스가 고개를 끄덕였다.

뒤이어 희망 버스가 날아간 곳은 소들이 모여 있는 곳이었다. 소들은 화가 나서 웅성거리고 있었다.

"엑스, 잘 왔어!"

건장하게 생긴 소 한 명이 엑스에게 다가왔다. 여기에 모인 소들은 매년 5월이면 열리는 소싸움 축제에 나가기 위한 선수들이라고 했다. 무슨 일인지 화가 잔뜩 난 소는 엑스와 아이들을 데리고 소 무리로 갔다.

"이제 더는 소싸움을 하지 않겠어! 축제를 거부하겠다!"

"싸우다 우리끼리 서로 죽이고 다치고. 이런 게 무슨 축제야?"

"그렇게 싸우고 싶으면 사람들이 싸우면 되지, 왜 우리를 시켜?"

"옳소! 소싸움에 내보낸다고 콘크리트로 속을 채운 타이어를 끌게 하지를 않나, 가파른 비탈에 매달리게 하지를 않나. 이젠 정말 못 해 먹겠어."

"우리는 초식 동물인데, 싸움에 내보낸다고 미꾸라지나 낙지, 뱀탕을 먹이는 건 또 어떻고? 우리가 자기들 재밋거리로 쓰이는 도구라는 생각 말고는 아무 생각도 못 하지 뭐야!"

소들이 콧김을 내뿜으며 화를 냈다. 당장이라도 사람들 있는 데로 쳐들어가 보이는 대로 부술 기세였다.

인경이는 저렇게 소들이 싫어하는 소싸움은 왜 시키는 거냐며 엑스에게 물었다.

"스페인에서 투우가 전통인 것처럼 우리나라에서는 소싸움이 민속놀이 중 하나야. 많은 사람이 소싸움을 보러 축제에 오기 때문에 지역에서는 이것이 관광 자원이기도 해. 그런 이유로 계속 이어나가고 있는 거야."

주아는 한숨을 푹 내쉬었다.

"옛날에는 볼거리가 많지 않아서 소싸움을 놀이로 만들었을 거야. 지금 시대에도 이런 놀이가 필요할까? 전통이라고 무조건 다 이어져야 하는 건 아니잖아. 나쁜 전통은 없어져야 해. 그게 동물을 학대하는 전통이라면 더더욱!"

주아 말에 인경이도 문득 든 생각이 있었다. 지난겨울에 가족과 산천어 축제에 가서 산천어를 잡으면서 기분이 좋지 않았다. 사람들이 산천어를 맨손으로 잡아 던져서 죽이고 즐거워하던 모습이 인경이는 싫었다.

나중에 뉴스에서 침팬지 연구자이며 동물학자인 제인 구달이 한국의 산천어 축제를 "인간의 쾌락을 위해 동물을 착취하고 고문하는 소름 끼치는 일"이라며 비판했다는 기사를 읽고는 얼굴이 화끈거리기도 했다. 산천어 축제 이야기를 주아와 기달이에게 들려주며 인경이는 스스로에게 다짐하듯 말했다.

"단지 즐거움을 위해 동물을 싸우게 하고, 잡고, 쫓아다니면서 죽이는 건 전통문화이든 축제를 위한 것이든 하지 말아야 해. 그건 절대 재미있는 일이 아니니까."

여기는 동물이 지나가는 길이에요

"자, 드디어 기다리고 기다리던 캠핑이다!"

기달이보다 아빠가 더 신이 났다. 캠핑 장비를 부산스럽게 챙기고 집을 나섰다. 처음엔 집에서 게임이나 하고 싶었던 기달이조차 파란 하늘에 뻥 뚫린 길을 보자 기분이 시원해졌다.

"도시에서는 이런 풍경을 보며 달리기가 힘들지. 오늘 속도를 좀 내 볼까?"

아빠는 콧노래를 부르며 신나게 달렸다. 그러다가 갑자기 어어! 소리를 내면서 속도를 줄였다. 자동차가 급히 섰지만, 쿵 소리가 났다.

"무슨 일이에요?"

아빠가 급하게 차에서 내리자 엄마도 따라 내렸다. 기달이도 내렸지만,

엄마가 빨리 차에 다시 타라고 했다. 몸을 돌리면서 기달이는 방금 전 도로에서 무슨 일이 일어났는지 똑똑히 보고 말았다. 고라니 한 명이 차에 치여 쓰러져 있었다.

아빠는 보험회사에 전화를 걸고 나서 또 어디론가 전화를 걸었다. 한참이나 심각한 전화를 하고 나서 아빠와 엄마가 차에 탔다.

"길을 가다 로드킬당해 죽은 동물을 많이 봤지만, 우리에게 이런 일이 생길 줄 몰랐어."

기달이는 엄마 말을 듣고 로드킬이 뭐냐고 물었다. 동물이 도로에 나왔다가 자동차에 치여 죽는 사고를 뜻한다는 설명을 들었지만 기달이는 이해가 가지 않았다. 동물이 왜 찻길을 건너는지 이유를 알 수 없었다. 기달이는 엄마에게 도대체 이렇게 위험한 도로를 동물들이 왜 가로지르는 거냐고 되물었다.

아빠 엄마는 정신이 없는지 기달이 말을 제대로 듣지 못했다. 사고 처리를 마친 후에 캠핑 장소에 도착했지만, 좀처럼 즐거운 분위기가 나지 않았다. 엄마의 표정이 어두웠고 아빠도 계속 죽은 고라니 생각이 나는지 바비큐를 굽는 내내 말이 없었다.

'바보같이. 자동차가 얼마나 쌩쌩 달리는데 도로에 나오는 거야. 동물들에게 도로에 나오지 말라고 일일이 말해 줄 수도 없고, 답답하네.'

기달이는 망쳐 버린 캠핑에 화가 나면서도 피투성이가 된 고라니 모습이 떠올라 기분이 착 가라앉았다. 가족 모두에게 엉망인 캠핑이었다.

월요일이 돌아오고 쉬는 시간에 반 아이들은 다들 주말을 보낸 이야기로 바빴다. 인경이네도 이번 주말에는 교외로 나갔다 왔다고 했다. 등산을 갔다가 산에서 다람쥐와 고라니를 봤다고 자랑하는 인경이를 보고 기달이는 뜨끔했다. 죄를 지은 기분으로 아무 말도 못 했다.
　"기달이 너, 오늘 너무 조용하다. 무슨 일 있어?"
　주아가 묻는 말에도 기달이는 망설였다. 아빠가 사람을 차로 친 것도 아니고 동물을 친 것인데도 죄책감이 들었다. 예전 기달이라면 어쩔 수 없는 일이라고 금방 떨쳐냈을지도 모른다. 이제는 달랐다. 뭔가 잘못되었다는 기분과 함께 주아나 인경이가 어떻게 생각할지도 걱정스러웠다.
　그때 먼저 인경이가 로드킬 이야기를 꺼냈다. 산으로 가다가 시내 한가운데에서 고양이가 자동차에 치일 뻔해서 너무 놀랐다고 했다. 도시에서 자동차에 치여 죽는 동물이 많다는데 엑스는 괜찮은지 걱정도 했다.
　기달이는 더는 숨기지 못하고 주말에 있었던 자동차 사고 이야기를 했다. 기달이네 차에 고라니가 가엾게 죽은 일에 대해 주아가 화를 낼 거라 생각했는데 아무 말이 없었다. 인경이는 고라니가 불쌍하다며 동물들이 도로에 나오지 않게 할 방법이 없겠냐며 한숨을 푹 쉬었다. 셋이 머리를 맞대어도 동물들이 자동차 사고를 당하지 않게 할 방법은 떠오르지 않았다.

　엑스를 만난 세 아이는 로드킬 이야기를 꺼냈다. 기달이는 고속 도로를 빠르게 달린 아빠도 잘못했지만, 고라니가 왜 차가 쌩쌩 달리는 길로 뛰어든 건지 정말 이해할 수 없다고 했다. 인경이도 고양이가 차에 치일 뻔한 이야기를 하면서 눈 깜짝할 사이에 일어난 일이라 다들 놀랐다는 말을 꺼냈다.

엑스는 아이들 이야기를 듣더니 희망 버스에 탔다. 하늘을 날던 희망 버스는 산과 산 사이 도로 위에 멈췄다. 산 한 가운데는 터널로 뻥 뚫려 있었고 그 사이로 수많은 차가 지나가고 있었다. 희망 버스는 아래로 내려가지 않고 도로 위에 한참 떠 있었다.

"어! 저기 고라니잖아."

기달이가 아래를 내려다보며 외쳤다. 주아와 인경이도 함께 창밖을 봤다.

"안 돼! 도로 가운데를 왜 질주하는 거야? 멈춰, 멈추라고!"

기달이가 소리를 질렀다. 그때였다. 끼익, 쿵. 달리던 자동차가 고라니를 그대로 치고 말았다. 아이들은 눈을 질끈 감았다.

"저렇게 차에 치여 죽는 동물이 매년 늘고 있어. 그중에 대다수는 고라니야. 고라니는 도로와 가까운 낮은 야산에 살아. 먹이를 찾아 내려온 고라니는 도로가 위험한 길이라는 걸 몰라. 야생 동물들은 한곳에 그냥 있지 않고 먹이를 찾거나 번식하기 위해 다른 서식지를 찾아 움직여. 산에 도로를 뚫어서 야생 동물의 길을 빼앗은 건 사람이야. 동물들이 잘못해서 도로로 들어선 게 아니야."

인경이는 엑스 말이 맞다고 하면서도 답답한 마음에 한숨을 푹 내쉬었다. 야생 동물에게 도로는 위험하다고 직접 알려 줄 수도 없고 그럼 어떻게 해야 하냐고 엑스에게 물었다.

 엑스는 도로에 보이는 노란 표지판을 보여 주었다. 거기에는 고라니 그림이 그려져 있고 '야생 동물 주의, 천천히'라고 쓰여 있었다.

 "생태 도로를 만들어 주는 것도 방법이지만, 더 중요한 것은 이런 표지판이 있는 야생 동물 보호 지역에서는 운전을 천천히 해야 한다는 사실이야."

 인경이는 야생 동물 보호 지역에서는 운전을 조심하면 되지만 시내 한복판에서 길고양이 로드킬이 많은 이유를 알 수 없다고 말했다.

 "고양이가 급하게 찻길로 뛰어들 때는 먹잇감을 발견했거나 다른 고양이에게 쫓기고 있는 거야. 고양이는 특성상 앞으로 가고 있다가 재빠르게 뒷걸음질 치기 어려워. 길을 건너다가 자동차가 와도 뒤로 돌아가지 못하고 놀라서 그 자리에 멈추거나 그대로 앞으로 뛰어나가는 것도 그 때문이야. 밤에 자동차 불빛을 보고 깜짝 놀라서 불빛을 바라보다 교통사고가 나기도 해."

 주아는 겨울철 길고양이들이 추위를 피하려고 주차된 자동차 아래로 들어가는 경우가 많은데, 그걸 모르고 시동을 켰다가 길고양이가 죽는 사고를 당하기도 한다고 속상해했다.

 "어른들이 잘 모르고 있다면 우리가 알려 줘야 해. 지하 주차장이 아니라 바깥에 주차했다면 자동차에 타기 전에 톡톡 차를 두드려 줘야 한다고. 그래야 아래에 쉬고 있던 고양이가 다른 데로 몸을 옮길 수 있거든."

 "시동을 켜면 소리에 놀라서 도망가지 않아?"

기달이가 묻자 주아는 고개를 저었다. 고양이가 타이어 틈새를 타고 엔진룸으로 들어가는 경우가 있는데 시동을 켜는 순간 그 안에서 끔찍한 사고를 당한다고 했다.

"앞으로는 꼭 아빠보고 자동차를 툭툭 치고 나서 고양이가 아래에 없는지 확인하고 시동을 걸라고 해야겠구나."

기달이가 고개를 끄덕이며 말했다. 주아는 눈을 동그랗게 뜨며 기달이를 바라봤다.

"웬일이냐. 길고양이라면 정말 싫다더니, 기달이 네가 그렇게 말하니까 놀라운데?"

주아의 말에 기달이는 어깨를 으쓱하며 말했다.

"쳇, 뭘 잘 몰랐을 때 한 이야기지. 지금하고 같아?"

주아는 피식 웃었다.

"우리 기달이가 달라졌어요."

주아가 놀리는 말투로 말하자 기달이 얼굴이 붉으락푸르락해졌다.

"야! 너 진짜 그럴 거야?"

기달이와 주아가 실랑이를 벌이는 동안, 인경이는 아무 말이 없었다. 주아가 무슨 생각을 하냐고 묻자 인경이는 몸서리를 치며 답했다.

"엑스도 길고양이잖아. 자동차 사고를 당할 수 있다고 생각하니까 너무 무섭고 싫어."

인경이 말에 주아도, 기달이도 조용히 고개를 끄덕였다.

버릴 거면서
왜 사는 거야?

　수업을 마치고 교실을 나가려는데, 주아가 기달이와 인경이를 불렀다. 특별한 일을 할 건데 같이했으면 좋겠다고 했다. 뭔지 모르지만 특별한 일이라는 말에 기달이는 벌써 재미있겠다는 표정이었다.
　"그러니까, 뭘 하면 되는 건데?"
　기달이가 빨리 알고 싶다는 얼굴로 재촉하자 주아는 가방에서 종이 여러 장을 꺼냈다. 거기에는 귀여운 고양이 그림과 함께 "시동을 걸기 전에 자동차 엔진룸을 두드려 주세요."라고 적혀 있었다. 겨울이 다가오기 전에 사람들에게 알려 주자는 의도였다. 주아는 자신이 직접 그렸다며 셋이 같이 다니면서 자동차 손잡이에 끼우자고 했다.
　싫다고 할 줄 알았던 기달이 입에서 바로 하자는 답이 나왔다. 주아보다 인경이 눈이 더 동그래졌다.

"기달이 너 요즘 정말 많이 달라졌다?"

기달이는 멋쩍은지 발로 땅을 툭툭 차더니 언제 시작할 거냐고 퉁명스럽게 물었다. 주아와 인경이가 얼굴을 마주 보며 킥킥 웃었다.

셋은 동네 골목을 돌며 바깥에 주차된 자동차 손잡이에 종이를 끼워 넣었다. 자동차에 광고 전단지를 꽂는 게 아니냐고 야단치는 어른도 있었지만, 종이에 적힌 내용을 보며 좋은 일을 한다고 칭찬해 주는 어른도 있었다.

숨이 헉헉 찰 만큼 열심히 골목을 돌고 있는데, 전봇대 뒤에서 낑낑대는

소리가 들렸다. 재활용 쓰레기와 쓰레기 봉지가 잔뜩 쌓인 곳이었다. 인경이가 소리 나는 쪽으로 다가갔다.

"강아지야!"

박스 안에 강아지 한 명이 들어 있었다. 어른 손바닥보다 조금 큰 강아지였다. 배가 고픈지 힘이 하나도 없어 보였다.

"누가 키우던 강아지 같은데 왜 여기에다 버렸을까?"

"어디가 아픈 거 같아. 얼마 못 살 것 같아서 버린 게 아닐까."

"아무리 그래도 그렇지. 키우던 개를 어떻게 쓰레기더미 속에 버려?"

인경이는 박스 안에 있는 강아지에게서 눈을 못 떼고 말했다.

"내가 데려다 키우겠다고 하면 우리 엄마가 반대하시겠지?"

아파 보이는 강아지를 이대로 쓰레기더미 속에 두고 가면 무슨 일을 당할지 몰랐다. 셋은 고민을 하다 희망 버스가 있는 공터로 개를 안고 갔다. 엑스는 강아지를 유기견 보호소에 데리고 가야겠다고 말했다. 셋은 강아지와 함께 희망 버스에 올라탔다.

"이 강아지는 몇 개월 안 된 아기인가 봐. 엄청 조그맣지?"

그때 낑낑거리던 강아지가 고개를 힘겹게 들며 말했다.

"내가 이래 봬도 아주 어린 나이는 아니야. 그냥 작게 만들어졌을 뿐이야."

"아직 아기인 게 아니라 작게 만들어진 거라고?"

인경이 말에 강아지는 그렇다고 답했다. 자기는 조그만 찻잔에도 들어갈 정도로 크기가 작은 강아지를 원하는 사람들 때문에 일부러 작게 만들어진 '티컵 강아지'라고 했다. 인경이도 강아지를 원하는 사람 중에는 작고 귀여운 강아지를 원하는 사람이 많다는 걸 알고 있었다. 처음부터 작게 태어나는 줄로만 알았는데, 작게 만들어진 강아지라니!

강아지가 직접 들려주는 이야기는 놀라웠다. 강아지를 파는 곳에서 작은 강아지를 만들려고 먹이도 조금씩만 먹이고 성장을 방해하는 호르몬 주사를 놓아서 컵에 들어갈 정도로 작게 만든다고 했다. 어떤 곳에서는 작은 강아지를 위해 아직 태어날 때가 되지도 않았는데, 새끼를 미리 꺼내기도 한다고 했다.

이렇게 작게 만들려다 보니 티컵 강아지들은 면역력이 약해서 병에 잘 걸리고 수명이 짧을 수밖에 없다. 강아지 외모만 보고 사려는 사람들의 욕심 때문에 티컵 강아지라는 불쌍한 강아지가 탄생한 셈이었다.

강아지가 힘겹게 이야기를 전해 주자 인경이는 자신이 그렇게 만든 것도 아니면서 미안함에 어쩔 줄 몰라 했다. 할 말을 마치고 다시 숨을 쌕쌕 쉬며 인경이 무릎에 힘없이 쓰러진 강아지를 보며 주아와 기달이도 안쓰러운 마음이 들었다.

강아지를 계속 쓰다듬는 인경이를 보며 엑스가 물었다.

"인경이는 강아지를 키우고 싶다고 했지?"

대답 대신 고개를 끄덕이는 인경이를 보고 엑스는 반려동물이 무슨 뜻인지 아느냐고 물었다.

"사람과 같이 사는 동물이잖아."

"맞아. 예전엔 사람들에게 즐거움을 주는 동물이라는 뜻으로 애완동물이라고 불렀지만, 이제는 사람과 함께 더불어 살아간다고 해서 반려동물이라고 불러."

인경이는 고개를 끄덕였다.

"그건 나도 알아. 나도 강아지를 입양하면 아주 오래오래 행복하게 같이 살고 싶어."

"동물 수명은 사람보다 짧아. 사람들은 동물이 건강하고 귀여울 때는 사랑을 주다가 아프거나 귀찮아지면 내다 버리곤 해. 우리나라는 반려동물을 키우는 집이 점점 늘고 있지만 버리는 집도 그만큼 늘고 있어."

얼마 날지 않아, '유기 동물 보호소'라는 간판이 보이는 곳에 희망 버스가 멈췄다.

창고 안에 철조망들이 군데군데 처져 있고 그 안에 강아지들이 모여 있었다. 아직 너무 작고 어린 강아지들이었다.

"안녕, 엑스가 친구들과 온다더니 너희구나?"

앞치마를 두른 아줌마가 나타났다. 엑스는 아이들에게 유기 동물 보호소 소장님이라고 소개해 주었다.

"안녕하세요."

주아와 인경이가 인사를 하자, 소장님은 웃으며 눈인사를 보냈다.

"애들 정말 귀엽지? 이렇게 사랑스러운데 태어나자마자 버려진 애들도 있어."

"이렇게 예쁜 애를 왜 버릴까요?"

인경이가 슬픈 목소리로 물었다.

"치료비나 사룟값이 많이 나와서, 또 돌보기 힘들어지거나 휴가를 가야 해서 버리기도 해. 이유는 많아. 만약 정말 가족이라고 생각한다면 어떤 이유에서라도 결코 버리지 않겠지."

"가족이라면……."

인경이는 모두 이해할 수 없어도 그 말이 무슨 의미인지 조금은 알 것 같았다.

"가족은 즐거운 일도 함께하지만 슬프고 아파도 함께하니까. 그렇죠?"

소장님이 고개를 끄덕였다.

"버려진 후 거리를 떠돌다 죽거나 다치는 애들도 많아. 구조되어서 여기로 오는 건 다행이지만 여기서도 입양이 되지 못하면……."

소장님이 말을 더 잇지 못하고 멈추자 인경이는 걱정스러운 목소리로 물었다.

"못하면요?"

"안락사를 시키게 돼. 유기 동물은 계속 들어오는데 더는 수용할 공간이 없으니까 어쩔 수 없는 선택이지."

"이렇게 귀여운 애들을 죽인다고요?"

인경이 목소리에는 놀라움과 화가 섞여 있었다. 유기 동물 보호소에서 유기견이나 유기묘를 입양할 수 있다는 것도 처음 알았지만, 입양이 되지 않은 동물은 안락사를 당한다는 것도 처음 알았다. 초롱초롱 맑은 눈으로 자신을 바라보는 강아지들이 곧 죽을지도 모른다고 생각하니 가슴이 너무 아팠다.

안고 있던 강아지를 맡기고 바깥으로 나온 인경이 어깨가 축 처져 있었다.

"아무도 입양하지 않으면 죽을 수밖에 없다니."

인경이는 희망 버스를 타고 집으로 돌아오는 동안 한마디도 더 하지 않았다. 묵묵히 바깥만 바라보며 깊은 생각에 잠겼다.

꿀벌이 사라지면 우리도 살 수 없대요

희망 버스는 엑스와 아이들이 처음 만났던 공터에 섰다.

"여행은 어땠어?"

"난 내가 동물을 사랑한다고 생각했는데, 몰랐던 게 너무 많아. 사랑한다면 관심도 충분히 가져야 하는 거잖아."

주아 말에 인경이도 고개를 끄덕였다.

"나도 깨달은 게 많아. 동물을 진정으로 사랑하는 방법 말이야. 아이돌 오빠들이 강아지를 키운다고 아무 생각 없이 나도 따라 키우고 싶어 했다는 게 부끄러워. 강아지를 좋아한다고만 생각했지, 정말 잘 키울 수 있는지 진지하게 고민하지 않았어."

기달이도 머리를 긁적이더니 할 말이 있다고 했다.

"나는 여행을 하면서 꼭 해야겠다고 생각한 게 있는데 아직 못했어. 지금 해야겠어."

기달이가 무슨 소리를 하는 건지 모두 멀뚱하게 바라봤다.

"엑스, 그날 너에게 돌 던진 거 미안해. 공터에서 만난 네 친구들에게도 진심으로 사과하고 싶어. 다시는 비둘기나 길고양이가 싫어할 만한 일을 하지 않을 거야. 아니, 그런 일을 했던 걸 후회하고 있고 부끄럽게 생각해."

인경이는 기달이가 하는 진심 어린 사과를 듣고 박수를 보냈다. 주아도 싱긋 웃었다. 엑스는 기달이 말에 고개를 끄덕이고 친구들에게도 전해 주겠다고 했다. 기왕이면 길거리에서 동물 친구들을 만날 때 기달이가 직접 사과를 건네면 더 좋겠다는 말도 덧붙였다.

공터를 나와 셋은 나란히 동네를 걸었다. 개천을 지나는데, 활짝 핀 코스모스 사이에 꿀벌 몇 명이 날아다니고 있었다. 주아는 꿀벌을 보며 인경이와 기달이에게 말했다.

"꿀벌이 지구에서 사라지면 사람도 사라진다는 말 들은 적 있어?"

"그건 무슨 소리야?"

기달이는 처음 듣는 말이었다.

"꿀벌이 없어지면 나무들은 열매를 맺지 못해. 열매가 없으면 초식 동물은 먹이가 없어 살기 힘들어지고. 초식 동물을 먹고 사는 육식 동물도 마찬가지야. 사람은 말할 것도 없겠지."

주아 말에 인경이는 꿀벌을 내려다보며 중얼거렸다.
"이렇게 조그만 꿀벌이 그렇게 대단한 일을 하고 있었구나."
"나는 꿀벌이 지구 생태계에 중요한 역할을 하는 것처럼 모든 동물도 마찬가지로 자기 역할을 하면서 제 자리에 있는 거라고 믿어."
주아는 책에서 읽은 회색 늑대 이야기를 친구들에게 해 주었다.
"미국에 있는 옐로스톤 국립 공원에서는 회색 늑대가 다른 동물을 잡아먹는다고 보이는 대로 사냥했대. 그런데 회색 늑대가 사라지자 나무도 사라졌다는 거야. 회색 늑대에게 잡아먹히던 초식 동물들이 어린나무를 다 뜯어 먹었기 때문이래. 사람들은 회색 늑대가 다른 동물에게 해가 된다고만 생각했지, 한 종류의 동물이 사

라지면 생태계가 파괴된다는 건 생각 못 한 거야. 동물은 각자 자기 자리에 있었을 때 하는 역할이 있는 거였어."

주아 말을 듣고 있던 기달이가 걱정 가득한 목소리로 물었다.

"꿀벌이 점점 줄어들고 있다던데, 그럼 사람도 곧 멸종한다는 신호 아니야?"

"그럴지도 모르지. 꿀벌이 사라지는 이유는 기후 위기 등 여러 가지가 있지만, 역시 사람들이 문제야. 지금처럼 동물을 사람이 필요한 대로 마구 이용하다가는 언젠가 우리의 미래도 없어질지 몰라."

인경이는 공장식 축산이 떠올랐다.

"맞아. 우리가 동물을 도구로만 생각하고 마구 이용하면 결국 사람에게 피해가 돌아오잖아. 가축들이 내뿜는 트림이나 방귀, 배설물에서 나오는 온실가스 때문에 지구는 더 뜨거워진대. 많은 가축에게 먹일 사료를 재배하기 위해 산림도 파괴되고."

주아도 동물을 고기로 키우기 위해 지구 환경이 무너지고 있다고 인경이 말에 맞장구쳤다.

"희망 버스를 타고 나서 알게 된 건 동물이 어떻게 살고 있느냐가 사람의 삶과도 이어진다는 거야. 나는 동물이 행복하게 살 수 있도록 해 주는 게 모두 다 같이 잘 사는 방법이라고 생각해."

인경이와 기달이도 주아 말에 고개를 끄덕였다.

"어떻게 하면 동물과 사람이 모두 조화롭게 잘 살 수 있을까?"

"그 문제는 각자 생각해 보자. 미래를 위해 어떤 노력이 필요한지."

어느새 세 아이는 집 근처에 도착했다. 각자 생각은 많았지만, 집으로 걸어가는 발걸음이 무겁지 않았다. 오히려 걸음걸이가 힘차 보였다.

대멸종을 부르는 동물 멸종

한 종류의 생물이 완전히 없어지는 것을 멸종이라고 한다. 갑작스러운 기후 변화, 생태계 파괴, 사냥 및 밀렵 등 멸종 원인은 다양하다.

인간이 발견하지 못한 것까지 합치면 약 천만 종에 달하는 지구의 생물종은 지금까지 한 해에 1종 꼴로 멸종했지만, 2010년대에 들어서는 한 해에 46.7종이나 멸종했다. 세계 자연 보전 연맹(IUCN)은 앞으로 수십 년 내에 1만 6,928종이 멸종할 것으로 추정하고 있다.

멸종이 빨라질수록 생태계도 심각해진다. 모든 생물은 서로 먹고 먹히거나 도움을 주고받으면서 살아간다. 어느 한 종이 사라지면 다른 종도 멸종할 수 있다.

지구에서는 이미 고생대 마지막 시대인 페름기에 속하는 약 2억 5천만 년 전, 백악기인 약 6천600만 년 전 등 생물이 대규모로 멸종된 때가 다섯 번이 있었다.

페름기 대멸종 때는 무려 96퍼센트의 생물이 사라졌고 백악기 멸종기에는 공룡 등 전체 종 가운데 75퍼센트가 사라졌다. 페름기와 백악기 멸종의 원인은 기후 변화 때문이었지만, 다가오는 6차 대멸종의 원인은 사람 때문일 거라고 한다. 환경 보호 단체들은 이처럼 동물 멸종이 진행되는 속도가 빨라지면 6차 대멸종기가 올 수도 있다고 말한다.

엄마는
왜 고양이를 도와요?

 저녁 무렵, 엄마와 길고양이 밥을 주러 나가는 길에 주아는 하고 싶었던 질문을 꺼냈다.
 "엄마는 왜 길고양이를 돕는 거예요?"
 답을 알 것 같았지만 엄마에게 직접 듣고 싶었다. 엄마는 주아의 질문에 잠깐 생각에 빠진 표정을 지었다. 그러더니 몇 년 전 들어선 새 아파트를 바라보며 말했다.
 "주아가 지금보다 어렸을 때야. 저 아파트가 있던 자리에 빽빽하게 붙은 집들이 있었어. 재개발을 한다고 현수막이 붙었고 살던 사람들이 모두 떠났지. 고양이들만 빈집에 남았어."
 "그 고양이들도 길고양이였어요?"

"길고양이도 있고, 사람들이 키우던 고양이도 있었어. 사람이 키우던 고양이는 빈집에서 주인을 그리워하며 애처롭게 울었지. 우는 소리가 시끄럽다고 구청에 신고를 하는 사람도 있고, 고양이를 쫓아내려는 사람도 있었어."

주아는 엄마 말을 조용히 들었다.

"엄마는 지나갈 때마다 비쩍 마른 고양이가 쳐다보는 게 안쓰러웠지만, 뭘 해야 할지 몰랐거든. 그러던 어느 날, 어떤 사람들이 나타나서 다치거나 아픈 고양이를 찾아내 약을 발라 주고 배고픈 고양이를 위해 사료를 주는 거야."

"그분들도 캣맘이었어요?"

엄마는 고개를 끄덕였다.

"동물 보호 단체에서 일하는 사람도 있었고, 캣맘도 있었지. 그 사람들은 우리 동네 사람도 아니었어. 재개발 구역에 몇백 명이 되는 고양이가 방치되어 있다는 것을 알고 아무 보상도 없이 도우려고 온 사람들이었어."

엄마는 길고양이들에게 사료를 주며 말을 이었다.

"엄마는 그 사람들을 보며 부끄러웠어. 동물을 자꾸 쫓아내는 이곳에서 누군가는 생명을 살리기 위해 저렇게 노력하는데, 그냥 지켜보기만 하는 내 모습이."

고양이 한 명이 엄마 발밑으로 왔다. 그러더니 엄마 신발 위에 턱을 괴고 누웠다.

"고양이는 보통 15~20년을 사는데 길고양이는 5년을 못 넘기고 죽어. 왜 그럴까? 엄마도 고양이 밥을 챙기면서 길에 사는 생명에 관심을 가지게 되었어. 도시에서 산다는 이유로 그동안 동물들을 너무 모른 척 해 왔던 것 같아."

주아는 고개를 몇 번이나 끄덕였다.

"어느 곳이든 동물과 사람이 잘 어울려 살아야 하는 거죠?"

엄마는 주아 말을 듣고 빙긋 웃었다.

"맞아. 도시를 만들면서 동물들의 자리가 점점 좁아졌어. 그렇게 동물을 밀어내고 사람만 사는 곳으로 만드는 건 이기적이야. 사실 길고양이와 사람이 한 마을에서 공존하는 건 그렇게 어려운 일은 아니야. 대만의 허우통 마을이나 일본 아오시마섬처럼 고양이와 사람이 한데 어울려서 사는 곳도 있지. 우리나라 부산 청사포 마을도 그렇고."

엄마가 언젠가 함께 여행 가자고 주아에게 사진으로 보여 줬던 마을들이다. 사진에서 본 마을에서는 고양이들이 사람들과 평화롭게 지낸다. 사람이 있는 집과 가게, 골목 사이를 자유롭게 다니면서.
　"길고양이도 그런 곳에서는 행복하겠죠?"
　"사람들이 고양이를 존중해 주고 배려해 주는 곳이라면 당연히 행복하게 살겠지?"
　엄마와 주아는 사료를 먹는 고양이를 한참 바라봤다. 두 사람이 같이 서 있는 동네도 길고양이가 살기 좋은 동네가 되길 바라는 마음으로.

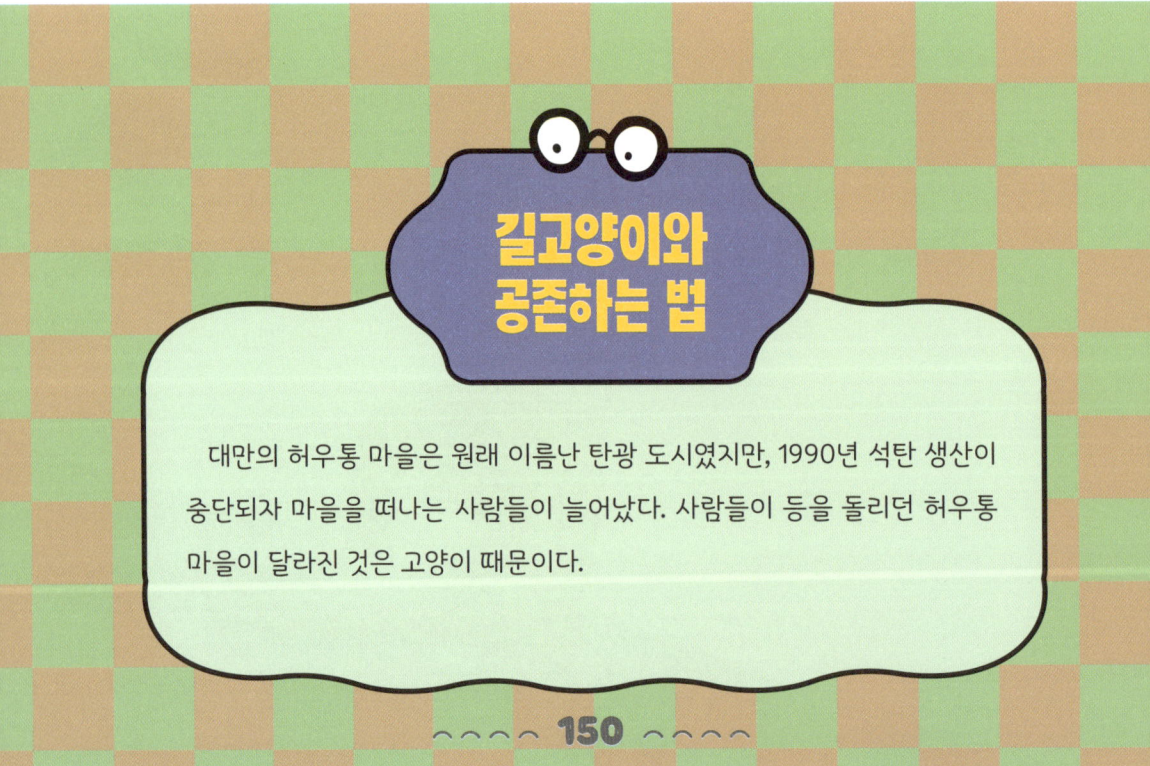

길고양이와 공존하는 법

대만의 허우통 마을은 원래 이름난 탄광 도시였지만, 1990년 석탄 생산이 중단되자 마을을 떠나는 사람들이 늘어났다. 사람들이 등을 돌리던 허우통 마을이 달라진 것은 고양이 때문이다.

폐광 이후 일거리가 끊긴 마을에 고양이가 찾아오고 사람들이 먹이를 주면서 고양이가 점점 늘어났다. 그러면서 마을 여기저기에 급식소 역할을 하는 고양이 집이 놓이고, 사람 사는 집이나 손님을 맞이하는 카페에도 고양이가 자유롭게 드나들게 되었다. 고양이와 사람이 공존하는 자연스러운 모습 때문에 세계 여러 나라에서 관광을 오면서 허우통 마을의 지역 경제도 살아난 것이다.

　일본의 아오시마섬도 유명한 고양이 마을이다. 쥐가 물고기 잡는 그물을 갉아먹자 육지에서 고양이를 데려왔는데, 그게 고양이 섬이 된 이유이다. 섬 주민보다 많은 아오시마섬 고양이들은 공식 급식소에서 주민들이나 관광객이 주는 먹이를 먹고 사람들과 자유롭게 산책을 하기도 한다. 이제 이곳은 사람이 사는 곳에 고양이가 사는 게 아니라 사람과 고양이가 사는 곳이다.

　우리나라에도 유명한 고양이 마을이 있다. 해운대 근처의 작은 어촌 마을인 부산 청사포 마을에서는 길고양이와 사람의 공존을 위해 길가 곳곳에 고양이 급식소를 만들었다. 길고양이는 점점 길거리에 있는 카페와 식당의 마스코트가 되었고, 전국에서 청사포 고양이를 보기 위해 찾는 사람도 많아졌다.

　길고양이는 사람들 시선에 따라 어떤 곳에서 이웃이자 친구이고 어떤 곳에서는 도시를 더럽히는 귀찮은 존재다. 그렇다면 사람과 고양이 중 누가 바뀌어야 할까? 서로 인정하고 존중하는 것에서 사람과 동물의 행복한 공존이 시작된다.

동물과 가족이 되고 싶어요

인경이는 하교하는 길에 펫숍 앞에 섰다. 갖고 싶었던 강아지는 여전히 그 자리에 있었다.

"너, 왜 그렇게 힘이 없어?"

지난번에 봤을 때는 인경이를 말똥말똥 쳐다보았는데 며칠 만에 본 강아지는 힘없이 바닥에 쪼그려 앉아 있었다.

'어디가 아픈 건가?'

인경이는 강아지 공장에서 돌아오면서 엑스가 해 줬던 티컵 강아지 이야기가 생각났다. 조그맣고 귀여운 강아지를 좋아하는 사람들 때문에 만들어진 강아지였다니. 엑스는 티컵 강아지는 심장이나 골절이 좋지 않아 사람이 데려가서 키워도 3~4년을 넘지 못하고 죽는 경우가 많다고 했다.

'몸을 지금처럼 조그맣게 만들려고 사람들이 먹을 걸 안 줬을까?'

가게 안에 있는 강아지를 보면서 인경이는 강아지 공장에서 본 어미 개의 눈빛이 떠올랐다.

'펫숍에서 강아지를 사면 계속 강아지 공장 같은 곳이 생겨나겠지?'

희망 버스를 타고 유기 동물 보호소에 갔을 때, 보호소에 있던 소장님이 들려준 이야기가 생각났다. 소장님은 동물을 좋아해서 키우는 사람이 점점 늘고 있는 만큼 버려지는 동물도 많다고 말했다.

"강아지는 장난감이 아니야. 함께 사는 가족이야."

인경이 귓가에 그 말이 자꾸만 떠올랐다. 가족으로 함께 살 강아지를 어떻게 데려와야 할까.

인경이는 그날 저녁밥을 먹고 부모님께 종이에 직접 적은 글을 읽어 주었다.

★ 강아지를 데리고 오면 함께 살 가족으로 생각하고 책임지고 살피겠습니다.

★ 밥을 주고 배설물을 치우는 일도 게을리 하지 않고 스스로 챙기겠습니다.

★ 강아지가 아프면 병원에 데리고가고 곁을 잘 지키겠습니다.

★ 용돈을 아껴 써서 예방 주사나 구충제 등 강아지에 들어가는 비용에

보태겠습니다.
★ 귀엽다고 자꾸 만지거나, 귀찮게 한다고 화내지 않겠습니다.
★ 절대로 강아지를 버리지 않고 끝까지 키우겠다고 다짐합니다.

강아지가 집에 오면 자신이 어떻게 할지 진지하게 각오를 밝히자 무조건 안 된다고 하던 엄마 반응도 달라졌다. 엄마는 정말 잘 키울 수 있냐고 몇 번이나 묻더니 아빠와 이야기를 나눴다. 그러고는 인경이에게 이번 주말에 근처 펫숍을 돌아보자고 했다. 그 말에 인경이는 고개를 저었다. 자신이 봐 둔 강아지가 있다고 했다.

인경이는 주말에 부모님과 함께 희망 버스를 타고 갔던 유기 동물 보호소로 찾아갔다. 소장님은 인경이를 반기며 친구들과 같이 와서 맡겼던 강아지에게로 데려갔다. 강아지는 지난번보다 훨씬 건강해 보였다.

인경이는 강아지에게서 눈을 뗄 수 없었다. 길에서 직접 구한 강아지를 데리러 오는 기분은 뿌듯하고 벅찼다.

"인경이와 친구들이 데리고 온 강아지는 운이 좋은 애예요. 이렇게 조그만 강아지들이 버려지면 온실의 화초가 약한 것처럼 금방 병에 걸리거든요. 버려진 반려견 중에 절반은 모기가 옮기는 심장 사상충에 걸리고, 기

생충증에 감염되기도 해요."

소장님은 몸집이 작은 유기견이 배가 고파 음식 쓰레기를 주워 먹다가 길고양이의 습격을 받는 일도 많다고 했다. 길에서 버려진 뒤 일주일이 지나도 사람에게 구조되지 못하면 유기견의 생명은 보장할 수 없다고도 했다.

"인경이가 강아지를 사지 않고 입양한다는 생각은 정말 훌륭해. 대신 한 번 버려졌던 강아지를 데려가는 데는 그만큼 조심해야 할 것도 있어. 이 아이들은 버려졌던 상처가 있으니까 더 많은 사랑과 관심을 줘야 해. 다시는 버려지면 안 된다는 건 당연하고. 약속할 수 있니?"

소장님 말에 인경이는 고개를 끄덕였다.

"어떤 일이 있어도 반려견을 버리는 나쁜 짓은 절대로 하지 않을 거예요. 가족이잖아요."

인경이 말에 소장님은 안심이 된다는 얼굴로 방긋 웃었다.

"그래, 잘 아는구나. 강아지가 귀엽다는 생각만으로 데리고 가면 외모가 변하거나 아프거나 늙었을 때 금세 질려하고 힘들어 해. 그래서 키우던 개를 쉽게 버리기도 하지. 그런 사람들 때문에 독일에서는 반려견을 키우려면 자격시험에 통과해야 해. 자격이 있는 사람만 반려견과 가족이 될 수 있는 거지."

"저도 처음에는 그렇게 생각하지 못했어요. 그냥 너무 키우고 싶은데 엄마가 사 주지 않아서 못 키운다고 불평만 했거든요. 사실 제 마음의 준비가 되어 있지 않은 걸 모르고요. 반려동물을 키운다는 건 가족처럼 책임진다는 마음이 필요한 거잖아요."

소장님은 입양 서류를 작성하는 엄마 아빠에게도 책임지고 키울 수 있는지 한 번 더 확인을 받았다.

"인경이와 이곳을 오기 전에는 저도 유기 동물 보호소에 대해 잘 몰랐어요. 제가 오늘 인경이에게 많은 걸 배운 느낌이에요. 데리고 가는 강아지는 책임지고 잘 키우겠습니다."

엄마는 인경이 품에 안긴 강아지를 한 번 더 바라보며 이야기했다. 아빠도 고개를 끄덕였다. 인경이는 오늘을 강아지 생일로 해야겠다고 생각했다. 동생이 새로 생긴 날, 인경이 가족에게 잊지 못할 날이었다.

유기견과 유기묘를 입양하는 방법

　유기견이나 유기묘를 입양할 때 가장 필요한 준비물은 우리 집이 동물을 데려와서 지낼 환경인지를 확인하는 것과 끝까지 책임지고 함께 오래 살겠다는 마음이다. 이런 준비를 먼저 한 후, 가족으로 맞이할 동물은 국가 동물 보호 정보 시스템 홈페이지(www.animal.go.kr)에서 확인한다. 어느 지역에 어떤 유기 동물이 있는지 살펴본 다음에는 유기 동물 보호소에 전화를 하거나 방문해서 입양에 대해 문의한다.

　입양을 하고 싶은 동물이 있다면 입양 상담을 해야 한다. 상담을 하면서 상담 신청자의 집이 동물에게 적합한지, 최근에 반려동물을 키웠는지, 가족 모두에게 동의를 얻었는지 등등 입양 자격을 묻는 심사를 받게 된다.

　자격을 갖췄다면, 입양을 시작할 수 있다. 하지만 유기 동물을 입양하는 데도 필요한 비용이 있다. 유기견 보호 비용, 중성화 수술비용 등 입양을 위한 책임 분양비를 지불해야 한다.

　마지막으로 강아지 목걸이 또는 칩을 제작해 다시 유기되는 일이 없도록 예방 절차를 거친다. 이런 과정이 모두 끝난 뒤 가족이 될 유기 동물을 집으로 안전하게 데려온다. 반려동물이 건강한 생활을 하는 게 중요하므로 동물 병원에 방문해 건강 검진과 예방 접종을 하는 것도 잊지 않아야 한다.

도시에서 살아가는 동물들

"에이, 저 닭둘기들! 모조리 싹 없어져 버렸으면 좋겠네."

진수는 기달이와 학교 앞 공원 벤치에서 스마트폰 게임을 하던 중이었다. 진수가 과자 부스러기를 흘리자, 바로 비둘기 서너 명이 날아와 쪼아 먹었다. 그걸 보고 진수가 악담을 퍼붓더니 작은 돌멩이를 집어서 비둘기에게 던지기까지 했다.

엑스가 없는 데서는 동물이 이야기하는 소리가 들리지 않는다는 걸 알면서도 기달이는 혹시 비둘기가 한마디 쏘아붙이지 않을까 바라봤다. 비둘기들은 아무 말 없이 떨어진 과자 부스러기를 다 먹고 다른 데로 날아갔다.

"네가 땅에 흘린 건데 비둘기들이 좀 먹으면 안 되냐?"

기달이는 진수에게 들릴 듯 말 듯한 목소리로 중얼거렸다.

"뭐라고? 내 귀가 이상한 거냐? 너도 비둘기라면 질색했잖아."

"아니, 내 말은 땅에 흘린 걸 비둘기들이 먹어 줘서 덕분에 청소가 됐다는 거지."

진수는 비둘기가 사람에게 병균을 옮긴다는 것도 모르냐며 호들갑을 떨었다. 기달이는 그건 오해일 뿐이고 사실로 증명된 것이 아니라고 알려 주었다. 또 독일에는 동물 보호단체에서 도시에 사는 비둘기들이 집을 짓고 알을 낳을 수 있도록 돕고 있다는 이야기도 들려주었다. 희망 버스 여행을 하면서 틈틈이 인터넷에서 찾아본 내용이었다.

"독일에서도 비둘기를 싫어하는 사람들이 먹이에 독을 섞어 뿌리거나 직접 잡아 죽이는 일이 많았대. 그러다가 비둘기도 하나의 생명이니까 보호하자는 단체들이 나타나서 도시에서 비둘기와 같이 살아가는 방법을 내놓았다는 거야. 제대로 지낼 수 있는 집을 만들어 주면 배설물 청소도 편하고 관리하기도 쉽다는 거야."

진수는 그래 봐야 비둘기가 늘어나서 좋은 건 하나도 없다고 했다. 먹이를 주지 말아야 비둘기가 줄어들고 도시도 깨끗해진다는 주장이었다. 기달이는 살아 있는 비둘기를 무조건 없앨 생각을 하는 것보다 잘 관리하면서 개체 수가 너무 늘어나지 않게 조절하는 일을 해야 한다고 설명했다.

진수는 기달이가 그렇게 말할 때마다 기가 막히다는 표정이었다.

"너, 비둘기하고 친구하기로 했냐? 비둘기에 대해 뭘 그렇게 많이 알아?"

"살아 있는 생명을 미워할 필요는 없다는 거지. 어쨌든 비둘기도 여기 사는 동물이잖아."

진수는 기달이가 무슨 소리를 하는 건지 모르겠다며 학원으로 가 버렸다.

기달이는 집으로 돌아오면서 전깃줄에 나란히 앉은 까치를 봤다. 시끄럽게 울어대서 비둘기만큼 싫어했던 새였다. 물론 지금은 다르다.
　인터넷에서 검색해 보니 까치와 까마귀를 유해 야생 동물로 취급하는 사람이 많지만, 사실 해충을 잡아먹어 생태계를 유지하는 동물이라고 쓰여 있었다. 또 까치와 까마귀는 죽은 동물의 시체를 먹어 전염병이 퍼지는 것을 막아 준다.
　캠핑 가던 기달이네 차에 로드킬당한 고라니도 마찬가지다. 고라니는 다른 나라에서는 멸종 위기 동물이지만 우리나라에서는 유해 야생 동물이다. 전 세계 고라니 가운데 90퍼센트가 우리나라에 있는데, 이유는 고라니 천적인 호랑이나 표범 같은 육식 동물이 없기 때문이다. 개체 수가 늘어난 고라니는 먹이를 찾기 위해 사람들이 사는 마을로 내려와 농작물을 먹을 수밖에 없다. 멧돼지도 마찬가지다. 사람에게 피해를 준다지만 사실은 먹이가 부족해서 농가로 내려온 것이다. 그런데 우리나라에서는 고라니와 함께 멧돼지도 유해 야생 동물로 지정되어서 수렵과 포획이 가능하다.
　고라니가 우리나라에서 유해 야생 동물이라고 해도 세계가 보호하는 멸종 위기 동물이다. 기달이는 그런 동물을 그냥 죽이는 게 옳은 일인지 알 수 없었다. 그러다가 문득 상위 포식자인 회색 늑대를 복원해서 풀어놨더니 옐로스톤 국립 공원의 생태계가 다시 살아났다는 이야기가 떠올랐다.
　스마트폰으로 기사를 검색해 보니 세계 여러 나라에서 불균형해진 생태계를 지키기 위해 상위 포식자인 육식 동물을 복원하는 일을 하고 있고, 우리나라에서도 토종 여우를 복원시키는 것에 성공했다.

　사람들에게 불편을 준다고 무조건 유해 동물로 지정하고 동물을 몰아낸다면 생태계는 무너지고 사람도 살 수 없는 곳이 될 것이다. 왜 그런지 이유를 따지고 그 이유부터 해결해야 하는데 말이다.

　'나쁜 동물은 없어. 함께 살아가는 방법을 모를 뿐이지.'

　기달이는 속으로 말했다. 희망 버스를 타기 전의 자신에게 돌아가서 들려주고 싶은 말이기도 했다.

고기가 아닌 생명으로 본다면

**신장개업!
산지에서 직접 오는 신선한 고기 무제한 제공**

엄마와 시장에 가는 길목에 화환이 놓인 식당을 보았다. 고기를 무제한으로 먹을 수 있다는 안내 문구에 사람들이 줄을 서 있었다.

"또 고기 뷔페가 문을 열었나 보네."

인경이는 엄마가 중얼거리는 소리를 듣고 혼자 생각에 골몰했다. 사람들이 고기를 많이 소비하기 때문에 공장식 축산이 생겼다. 고기를 안 먹으면 공장식 축산이 없어질 수 있을까? 그럼 채식을 해야만 하는 건가?

주아는 동물을 위해 필요하다면 당장 채식을 시작할 수도 있다. 희망 버스 여행으로 많이 바뀌긴 했지만, 기달이는 채식만으로는 절대 살아갈 수 없다고 할 것 같다.

'그렇다면 나는?'

인경이 엄마는 가능하면 동물 복지 농장에서 생산되는 달걀이나 고기를 산다고 했지만, 가격이 비싸다고 했다. 식당에서 동물 복지 달걀이나 고기를 쓴다면 음식값이 훨씬 올라갈 것이다. 음식값 때문에 손님이 줄어든다면 식당에서는 다시 공장식 축산에서 생산되는 가격이 싼 고기를 살 수밖에 없다.

이렇게 연이어 생각하니 답이 나오지 않았다. 동물 털로 된 옷이나 동물 실험을 한 제품은 사지 않으면 되고, 동물 쇼는 안 볼 수 있다. 그러나 고기는 달랐다.

사람들이 계속 지금처럼 고기를 소비한다면, 어쩔 수 없이 가축들은 공장 같은 사육장에서 길러질 것이고 고통 속에서 살아가고 죽음을 맞이하게 될 것이다. 지저분한 사육장에서 전염병이 돌면 수천수만 명의 가축이 생매장당하고 그것으로 지구의 땅과 물은 더 썩어가서 사람뿐 아니라 다른 생물들이 사는 곳까지 위협받는 나쁜 상황이 되풀이될 수밖에 없다.

'차라리 아무것도 몰랐을 때가 마음 편했을까?'

이런 생각을 하다 고개를 저었다.

'생각하지 않으면 달라지는 일도 없어.'

인경이는 주아와 기달이에게 문자를 보냈다. 엑스를 만나러 가야겠다는 문자였다.

> 좋아! 나 지금 바로 학교 앞 공원으로 갈게.

인경이가 메시지를 보내자마자 기달이가 먼저 답을 보내왔다. 잠시 후, 주아도 공원으로 나온다고 메시지를 보내왔다. 마치 셋 모두 엑스를 만나야겠다고 생각하고 있었다는 듯이.

엑스를 만나자마자 인경이는 고민을 털어놓았다. 공장식 축산이 조금이라도 달라질 수는 없는지 알고 싶다고 했다. 고기로 사육당하는 동물들의 고통을 알면서도 계속 고기를 먹는 게 너무 죄책감이 든다는 말을 하자 엑스는 고개를 끄덕였다.

희망 버스는 한참을 날아 넓은 들판에 섰다. 나무들이 촘촘하게 세워진 사이에 알록달록한 건물이 세워져 있었다.

엑스는 아이들에게 건물 쪽으로 가라고 했다. 미리 말해 놨으니 걱정 말라는 말과 함께. 아이들은 영문도 모른 채 건물 안으로 들어갔다.

"어서 와요. 여기 미래 식량 연구소를 견학하기로 한 친구들이죠?"

하얀 가운을 입은 연구원이 웃으며 맞이해 주었다. 연구원이 세 아이를 데려간 곳은 식당이었다.

"자, 여러분을 위해 준비했으니 시식부터 해 볼까요?"

연구원이 내민 것은 햄버거였다. 견학을 시켜 준다더니 햄버거를 주는 게 이상했다. 기름이 자르르 흐르는 패티가 끼워진 햄버거는 거절하기에 너무 먹음직스러워 보였다.

기달이가 가장 먼저 한입 가득 물었다. 인경이와 주아도 쭈뼛거리다가 햄버거를 먹기 시작했다.

"우와. 맛있어요! 이건 어디 햄버거예요?"

"제가 직접 만들었지요."

아이들은 맛있다며 금세 햄버거를 하나씩 해치웠다.

"방금 여러분이 먹은 햄버거 안에 있는 패티는 감자와 밀, 코코넛을 넣어서 만든 거예요. 고기는 하나도 들어가지 않았어요."

연구원이 하는 말에 셋은 깜짝 놀랐다. 햄버거 안에 있는 패티가 사실은 고기가 아닌 식물 패티였다니.

연구원은 또 다른 접시를 내밀었다. 이번에는 치킨 너겟이었다. 기달이 손이 빠르게 움직였다. 주아는 희망 버스를 타고 닭을 만나고 온 후, 치킨을 한 번도 먹지 않았다. 가장 좋아하고 자주 먹던 음식이었기 때문에 그때 받은 충격은 더 컸다. 치킨만 보면 미안한 생각이 들었다.

"여기 친구는 왜 안 먹나요?"

연구원이 묻자 주아는 사실대로 말했다.

"이 치킨 너겟은 닭고기로 만든 게 아니에요. 배양육이라고 동물의 세포

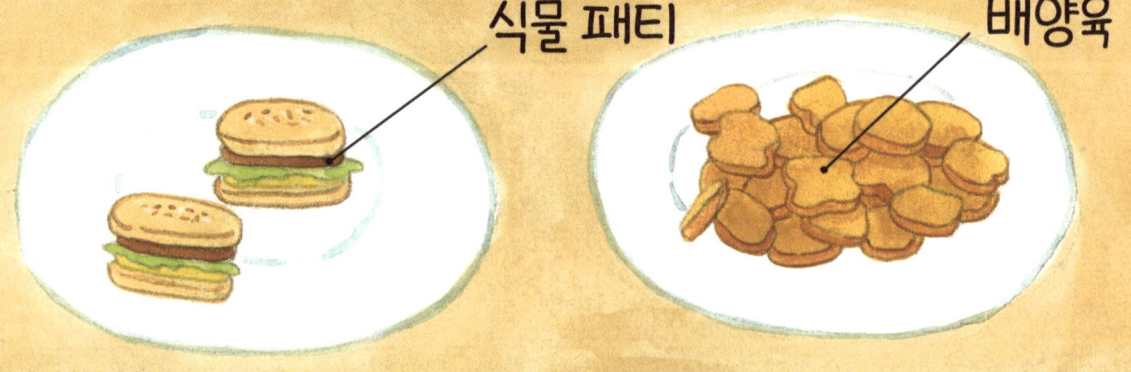

식물 패티   배양육

에서 배양한 고기로 만들었어요."

"이것도 그럼 가짜 고기예요?"

기달이 말에 이번에는 인경이가 답했다.

"배양육은 고기는 고기지만 가축을 죽여서 얻은 고기가 아니래. 그러니까 가짜는 아니야."

인경이가 한 설명을 듣고 연구원이 빙긋 웃었다.

"맞아요. 식물성 고기는 고기 맛을 내는 가짜 고기예요. 배양육은 진짜 고기와 다를 바가 없고요. 둘 다 일반 고기만큼 단백질이 많이 들었답니다."

인경이도 눈을 반짝이며 들었다.

"식물성 고기와 배양육이 많이 나오면 사람들이 가축을 죽여서 먹을 일이 없어지는 거네요? 그럼 공장식 축산이 있을 필요도 없고요."

연구원은 고개를 끄덕였다.

"맞아요. 예전에는 가축을 한 군데 몰아 놓고 사육했죠. 공장식 축산은 여러 가지 문제가 많아요. 가축 사료를 심는 농장을 만들려고 숲에 있는 나무를 마구 잘라내서 콩을 재배하는 바람에 열대 우림이 파괴되기도 했죠. 당연히 지금은 그런 공장식 농장은 사라졌어요."

주아와 인경, 기달이는 연구원을 따라 식물성 고기와 배양육을 만드는 과정을 둘러보았다.

"너무 신기해요. 저도 연구원님처럼 이런 미래 식량을 연구하는 사람이 되고 싶어요!"

인경이는 존경이 가득한 표정으로 연구원을 바라봤다. 그때 주아가 눈짓으로 연구원의 가슴에 달린 이름표를 가리켰다.

'서인경'.

인경이와 이름이 똑같다. 그럼 혹시!

기달이가 인경이 귀에 속삭였다.

"너는 지금보다 어른이 되고 나서가 훨씬 멋지다."

그 말을 하자마자 주아가 기달이 옆구리를 팔꿈치로 쿡 찔렀다. 기달이가 쓰러질 것처럼 엄살을 피우자 다들 웃음이 터졌다.

여기는
미래의 동물원입니다

기달이는 동물원이 없어지면 동물원에 있던 동물들이 어디로 가야 하나 생각해 봤다. 그런 생각을 하다가 찾은 것이 동물 보호 구역이었다. 동물 보호 구역은 갈 데가 없거나 학대받는 동물, 버려진 동물들을 보호하는 곳이다.

세계 곳곳에는 여러 동물 보호 구역이 있었다. 태국에는 관광 산업으로 학대당하던 코끼리를 구조해서 보호하는 코끼리 자연공원이 있다. 중국과 베트남에는 곰 농장에서 쓸개즙을 착취당하던 사육 곰을 보호하는 곰 보호 구역이 있고, 아이슬란드 바다에는 수족관에 갇혀 있던 벨루가를 구조해 풀어 놓은 보호 구역이 있다.

'이런 곳이 있었구나……'

사람들이 동물을 보호하는 곳이지만 동물을 가둬 놓고 구경하는 체험이나 동물을 학대하면서 훈련시키는 공연이 없는 곳이었다. 동물을 번식시키려고 하지 않고 사고팔지도 않는다.

기달이는 미래에는 이런 동물 보호 구역이 더 많아졌으면 좋겠다는 상상을 했다. 자신이 동물 보호 구역에서 일을 한다면 더 멋질 것 같았다.

'내 꿈은 게임 개발자인데······.'

기달이는 유치원 때부터 사람들을 놀라게 할 재미난 게임을 개발하고 싶다는 꿈을 가지고 있었다. 희망 버스를 타고 다니면서는 동물을 위해 할 수 있는 일이 있다면 해 보고 싶다는 생각도 강해졌다. 꿈을 하나만 정하기는 너무 어려웠다.

차라리 기달이도 인경이처럼 희망 버스를 타고 미래의 자신과 만나고 싶었다.

'내일 엑스에게 부탁해 봐야지.'

다음 날, 엑스가 말한 여행지는 예상 밖이었다.

"오늘은 동물원에 갈 거야."

왜 또 동물원에 간다는 건지 모두 궁금한 표정이었다. 아이들이 뭐라 묻기도 전에 희망 버스가 붕 떴다.

"여기가 동물원이라고?"

희망 버스에서 내린 아이들이 주위를 둘러보았다. 온통 하얀 벽만 보일

뿐 아무리 봐도 동물은 한 명도 보이지 않았다.

　잠시 후, 코끼리처럼 큰 귀가 달린 모자를 쓴 직원이 나타나 가상 현실 동물원이라며 재미나게 생긴 안경 하나씩을 건네주었다.

　"오늘 어떤 동물을 만날지 기대해도 좋아요. 여러분이 한 번도 만나 본 적 없는 동물도 있을 테니까. 자, 먼저 아프리카 동물을 만나 볼까요?"

　안경을 쓰자 광활한 아프리카 사바나가 펼쳐졌다. 가장 먼저 긴 목을 자랑하는 기린 무리가 멀리 보였다.

　"와, 기린이잖아."

　기달이 목소리를 들은 건지 기린이 천천히 다가왔다. 기린이 목을 흔들며 눈앞에 서 있자, 다들 신기해서 어쩔 줄 몰랐다.

　"꺅! 이게 뭐야?"

　인경이가 비명을 질렀다. 발밑에 몸집이 엄청나게 큰 도마뱀이 와 있었다. 직원이 사바나왕도마뱀이라고 이름을 알려 주었다. 무시무시한 모습에 인경이는 놀라서 주저앉았다. 예상과 달리 사바나왕노마뱀은 인경이를 가만히 바라볼 뿐이었다.

　"걱정하지 말아요. 여기 있는 동물이 여러분을 해치는 일은 없으니까요."

　코끼리 모자를 쓴 직원이 말했다. 기달이는 이미 안다는 듯 자신 있는 목소리로 대답했다.

　"저도 알아요. 다 가상 현실이잖아요. 근데 정말 진짜 같아요!"

　그때 머리 위로 괴상하게 생긴 커다란 새가 휙 지나갔다. 커다란 새는 부리가 정말 뾰족하고 길었다. 기달이는 가상 현실인줄 알고 있다면서도 큰 새에게 쪼일까 봐 자기도 모르게 두 팔로 머리를 감쌌다.

"아프리카대머리황새예요. 죽은 동물을 먹고 살지만, 물고기나 파충류도 잡아먹어요."

"여기는 정말 신기한 동물이 많아요."

기달이가 말했다.

가상 현실로 세계 여러 나라 동물들을 한자리에서 만나 봤다. 호주에 가서 코알라를 만날 때는 인경이가 가장 신이 났다. 나무에 매달린 코알라에게 손을 내밀고 깡충깡충 뛰기까지 했다.

가상 현실 속 동물들은 사람들이 해칠까 봐 두려워할 필요가 없다. 사람도 마찬가지다. 가상 현실이니까 사나운 동물이라고 해도 겁낼 필요가 없었다. 자연 속에 사는 모습 그대로 만들어져 있어 동물들이 야생에서 어떻게 살아가는지 눈앞에서 볼 수 있었다.

"자, 이제부터는 무대 위 동물을 만날 거예요."

직원은 세 아이를 데리고 동그란 무대가 있는 쪽으로 갔다.

"무대? 설마 우리가 본 그런 동물 공연은 아니겠지?"

인경이가 주아와 기달이를 향해 속삭였다. 주아는 뭔가 다른 게 있을 거라며 조용히 따라가자고 했다.

무대 주변에 많은 사람이 모여 있었다. 세 아이를 안내하던 직원이 공연이 시작된다고 안내하자 모두 박수를 쳤다.

갑자기 모든 불이 꺼졌다. 그러더니 무대 위에 화려한 색깔을 한 말이 나타났다. 진짜 말과 너무나 비슷하게 생긴 홀로그램 말이었다. 말이 나와 사람들 머리 위를 뛰어넘었다. 사람들이 소리를 지르며 박수를 쳤다. 아이들도 말처럼 뛰려고 흉내를 냈다. 떨어져서 보면 사람과 말이 함께 어우러져 노는 것처럼 보였다.

코끼리는 엉덩이를 이리저리 흔들다가 물구나무서기를 했다. 너무 진짜 코끼리 같은 모습에 손을 내미는 아이도 있었다. 코끼리는 그런 아이를 향해 윙크도 보내 주었다.

돌고래는 몸을 세우고 빙글빙글 돌면서 춤을 췄다. 직원이 휘파람을 불면 자기도 따라서 휘파람을 불었다. 그러다 갑자기 주변이 온통 바다로 변했다. 사람들이 바닷속으로 들어온 것이다. 사람들 주변으로 색깔과 모양이 다른 해양 생물들이 헤엄쳐 지나갔다. 신비로웠다.

"동물 공연이라고 해서 동물들을 훈련시키는 건 줄 알았더니 홀로그램 동물과 사람이 같이 노는 공연이잖아. 힘없이 울타리 안에 갇혀 있는 진짜 동물을 보는 것보다 훨씬 생생해!"

인경이가 신이 난 목소리로 말했다. 세 아이 모두 홀로그램으로 꾸며진 동물의 세계에 흠뻑 빠져 있었다. 바다가 없어지고 다시 무대가 나타나자 여기저기서 박수가 쏟아졌다.

"감사합니다. 저는 가상 현실 동물을 만든 개발자이자 홀로그램 동물과 함께 노는 공연을 만든 무대 감독입니다. 여기 있는 동물들은 전 세계 곳곳에 있는 동물 보호 구역에 있는 친구들을 관찰해서 만든 거예요. 동물학자들이 보내 준 생태 자료도 큰 도움이 되었어요. 기발한 기달 동물원에는 앞으로도 이미 멸종된 동물들도 추가될 예정입니다. 기대해 주세요."

직원이 무대에 올라가 마지막 인사를 하고 나서야 기달이는 깨달았다.

"나야, 나! 저 개발자, 바로 나라고!"

주아는 아까부터 알고 있었다는 표정이었다.

"그냥 딱 봐도 지금 네 얼굴하고 똑같잖아. 그래도 기달이 대단하네. 게임 개발자가 된다더니 엄청 기발한 동물원을 만들었잖아."

주아가 건네는 칭찬에 기달이 얼굴이 환해졌다.

"정말 멋지다. 여기서는 자유를 빼앗긴 동물이 없잖아. 그러면서도 동물이 사는 모습을 가까이에서 볼 수 있고 동물과 뛰어놀 수도 있어. 내가 이렇게 멋진 동물원을 만든 주인공이 되다니!"

기달이는 사람들이 보내는 박수를 받고 있는 어른 기달이를 뚫어져라 바라보았다. 어른 기달이는 멋졌다. 기달이는 누구보다도 큰 박수를 자신의 미래에 보냈다.

동물과 관련된 미래 기술

　가상 현실 동물원이 동물의 자유를 빼앗지 않으면서 사람에게 동물의 생태를 체험시켜 주려고 나온 기술이라면, 동물이 정말 원하는 게 무엇인지 귀 기울여 들을 수 있는 미래 기술도 있다.

　미국의 한 대학에서는 동물의 언어를 번역해서 영어 단어로 변환하는 기술을 개발했다. 그 외에도 인공 지능을 이용해 명주원숭이의 경고음을 해석하거나 양의 통증 언어를 해석하는 연구를 하는 과학자도 있다.

　또 최근에는 고양이 울음소리 통역 앱이 개발되어 고양이가 내는 소리를 듣고 녹음하면 사람의 언어로 번역하는 서비스를 하고 있다. 고양이 통역 앱을 만든 개발자는 반려동물의 울음소리가 바로 통역되어 사람 목소리로 나오는 서비스를 개발하는 게 최종 목표라고 밝히기도 했다.

　동물과 사람이 소통할 수 있는 기술이 우리 생활에 들어오면 무엇이 달라질까? 반려동물 가운데는 사람의 언어를 이해하지 못해서 공격적인 행동을 하는 경우가 있다. 이런 문제 행동으로 사람을 해치는 등 피해를 주면 안락사를 당하는 가슴 아픈 일이 발생한다. 그럴 때 동물과 소통할 수 있다면 위험한 상황을 해결할 방법이 많아진다.

　사람 역시 마찬가지다. 반려동물이 고통을 호소하면 빨리 병을 치료할 수 있다. 동물이 하는 요구를 정확히 아는 것은 동물의 생명을 구하는 일이 될 수도 있다.

동물도 자유로울 권리가 있어요

　주아는 아이반이라는 고릴라가 주인공인 책을 읽고 있었다. 아이반은 아프리카 콩고에서 태어나서 두 살이 되었을 때 야생 동물을 파는 사람들에게 잡혀서 미국의 한 쇼핑센터에서 27년을 갇혀 살았다. 처음 대부분 사람은 아이반을 구경하려고 쇼핑센터에 모였지만, 시간이 지나며 사람들 생각이 점점 바뀌기 시작했다. 자유를 잃은 아이반의 동물권을 외치는 목소리가 생겨났다.

　사람들은 쇼핑센터에 아이반을 풀어 달라고 항의했다. 쇼핑센터는 못 들은 척했다. 점점 많은 사람이 목소리를 높여서 아이반을 풀어 주라고 하자 쇼핑센터는 결국 아이반을 동물원에 기증했다. 30년 만에 아이반은 다른 고릴라를 보며 살 수 있게 되었다.

희망 버스 앞에서 엑스와 다시 만났을 때, 주아는 아이반 이야기를 했다.

"여러 사람이 목소리를 내서 아이반을 구한 이야기를 읽고 느낀 점이 많았어. 나도 동물을 위해 그런 일들을 할 수 있을까?"

주아 말을 듣고 엑스가 데려간 곳은 제주도였다.

> 동물을 전시하지 마세요.

> 사자와 코끼리는 제주도가 아니라 초원에서 살아야 해요!

어린이들이 손으로 쓴 피켓을 들고 마을 주민과 함께 모여 있었다. 주민들이 든 현수막에는 "제주 곶자왈을 파괴하는 동물 테마파크 개발 사업을 중단하라!"라고 쓰여 있었다.

주아는 피켓을 들고 있는 한 아이에게 다가갔다. 무슨 일이냐고 물어보자 아이는 자신이 사는 동네에 동물 테마파크가 들어서는 걸 반대하는 시위를 하는 중이라고 했다.

"동물 테마파크가 들어서려고 하는 곳은 제주도의 허파라고 부르는 곶자왈이야. 곶자왈은 오래된 숲이라서 여러 생물이 다양하게 살고 있어. 제주오목눈이, 긴꼬리딱새, 팔색조, 제주도롱뇽, 노루 같은 동물들이야. 이런 토종 동물이 사는 곶자왈에 사자와 코끼리, 기린 같은 동물을 데리고 와서 열대 동물원을 짓겠다는 거야. 곶자왈에 쭉 살고 있는 동물들을 쫓아내고 아프리카에 사는 동물들을 가둬 놓고 구경하는 곳을 만든다는 게 말이 되니?"

주아는 자신과 비슷한 또래의 친구가 또박또박 말하는 걸 들었다. 맞는 말이다. 동물은 자신이 살던 환경 속에 살아야 한다. 아프리카에 살던 동물이 제주의 날씨와 환경에 적응한다는 건 어려운 일이다. 아무리 비슷한 환경을 만들어 줘도 마찬가지다. 아프리카의 땅과 기후를 따라 만들 수는 없다. 거기다 제주에서만 사는 토종 동물을 쫓아낸다니. 그럼 그 동물들은 어디로 가야 할까?

마을로 내려와서 농작물을 파헤치다가 사람들에게 내쫓기고, 차가 다니는 도로를 지나다가 로드킬당하는 동물들이 생각났다. 자기 터전을 잃은 동물이 갈 곳은 없다.

"맞아. 말이 안 돼. 원래 살던 동물을 내쫓고 아프리카 동물을 전시하다니. 최악이야!"

주아는 당장이라도 시위에 함께 할 것처럼 흥분했다. 주아에게 곶자왈 시위를 설명해 주던 친구가 든 피켓에는 "동물들을 자기 땅에서 살게 해 주세요!"라고 쓰여 있었다. 곶자왈에 사는 야생 동물에게는 곶자왈이, 아프리카에서 살던 야생 동물에게는 아프리카가 자기 땅이라는 의미였다.

"사람들의 구경거리를 위해 원래 살던 동물의 자리를 빼앗을 수 없고 다른 곳에 살던 동물을 데려오는 것도 안 돼. 동물들도 자기가 살던 곳에서 행복하게 살 권리가 있잖아."

피켓을 든 친구가 내는 목소리가 주아 귀를 계속 울렸다.

희망 버스가 다시 날아간 곳은 조금 다른 풍경이었다. 반듯반듯한 도시 한가운데에 사람들이 모여 있었다.

"자기 집 앞 급식소는 자기가 챙기기! 다들 아시죠? 그럼 오늘 급식소 신청하신 분들은 순서대로 서 주세요."

노란 티셔츠를 입은 사람이 힘차게 말하자 사람들이 줄을 섰다. 급식소는 나무로 만든 조그만 집이었다. 초록 지붕에는 '내 집 앞 길고양이 급식소'라고 쓰여 있었다.

사람들은 길고양이 급식소를 받고 기쁜 표정이었다. 그러고 보니 주변에도 초록 지붕 급식소가 놓인 집이 많이 보였다. 급식소 안에는 사료통과 물통도 놓여 있었다. 길에는 꽃이나 나무들이 잘 가꿔져 있는데, 그 사이에 놓인 길고양이 급식소가 잘 어울렸다.

길거리에 나와 있는 길고양이들은 사람들이 있어도 피하지 않고 햇볕을 쬐면서 여기저기 여유롭게 누워 있었다.

"이 동네에는 길고양이도 많고 길고양이 급식소도 정말 많네. 고양이들이 너무 편안해 보여."

인경이가 감탄할 만했다. 잔뜩 쌓여 있던 길고양이 급식소가 금방 동이 났다.

"이번에도 신청자가 많았어요. 다음번엔 더 많이 만들어야겠어요."

노란 티셔츠를 입은 사람이 옆에서 급식소를 함께 나눠 주던 사람에게 말했다. 노란 티셔츠에는 "동물에게 집 만들어 주기 연대"라고 쓰여 있었다.

"다음 주에는 새집 달아 주기 활동이 있잖아요. 어린이 봉사자들이 이번에도 참 많아요. 나무에도 달아 주겠지만 자기 집에 새집을 달겠다는 친구들도 많고요."

노란 티셔츠를 입은 활동가가 빙긋 웃었다.

"네. 이 일을 하면 할수록 저는 행복해요. 제가 어릴 때는 길고양이 밥을 준다고 야단치는 어른들도 있었는데, 지금은 길고양이를 살피는 게 당연해졌잖아요. 한 집에 한 급식소 운동도 자리를 잡아서 요즘은 대문 앞에 길고양이 급식소가 없는 집이 거의 없어요."

"맞아요. 옛날에는 저희 같은 동물 권리 활동가들이 학대받는 동물들을 구출하러 다니느라 바빴다는데, 우리는 어떻게 길거리 동물이랑 더 친하게 지낼 수 있는지 교육을 하러 다니잖아요. 정말 세상이 많이 달라졌죠."

주아는 대화하고 있는 활동가들에게 다가갔다.

"저도 신청하고 싶어요. 길고양이 급식소랑 새집 달아 주기 활동이요."

노란 티셔츠를 입은 활동가는 웃으며 신청서를 내밀었다.

"여기에 이름이랑 연락처, 그리고 주소를 써 주세요."

주아는 또박또박 자기 이름을 써넣었다. '신주아'.

"어, 나랑 이름이 같네?"

활동가와 주아가 서로 마주봤다.

"언니도 신주아예요?"

활동가 언니가 고개를 끄덕였다. 주아는 언니에게 손을 내밀었다.

"이렇게 만나다니! 반갑고 고마워요."

활동가 언니는 주아가 하는 말을 듣고 고개를 갸웃하면서도 손을 잡아 주었다.

"다음 주에는 새집을 달아 주러 다닐 거예요. 길고양이 급식소 나눠 주기와 격주로 운영하거든요. 다음 주에 꼭 만나요."

주아는 알았다며 꾸벅 인사했다. 다음 주에 새집 달아 주기에 못 온다 해도 괜찮다. 먼 미래에 새집을 달아 주고 있을 테니까.

느릿느릿 급식소를 향해 걸어가던 고양이 한 명이 주아를 바라봤다. 까만 무늬에 다리를 살짝 저는 고양이었다. 주아가 아주 잘 아는 고양이었다.

"기분이 어때? 미래의 너를 만난 기분 말이야."

희망 버스 앞으로 돌아오자 인경이가 물었다.

"나도 멋지게 자랐고, 엑스도 멋지게 나이 들었어. 우리는 다 평화롭게 잘 살고 있어."

　주아 목소리가 살짝 떨렸다. 희망 버스가 다시 출발했다. 창에서 내려다보니 마을이 조그만 모형처럼 보였다. 사람과 동물이 같이 사는 행복한 마을. 미래에서 만난 마을이었다.

행복한 동물을 위한 세계 동물 권리 선언

세계 동물 권리 선언은 1978년 10월 15일 파리의 유네스코 본부에서 선포되었다. 모든 종은 노동을 목적으로 이용당하거나 착취당해서는 안 되며 사람의 즐거움을 위해 고통을 받아서 안 된다는 내용을 담고 있다.

세계 동물 권리 선언

제1조 모든 동물은 생태계에서 존재할 평등한 권리를 가진다. 이 평등권은 개체와 종의 차이를 가리지 않는다.

제2조 모든 동물의 삶은 존중받을 권리를 갖는다.

제3조 1. 동물은 부당하게 취급되거나 학대받지 않아야 한다.
2. 동물을 불가피하게 죽여야 한다면 불안과 고통 없이 즉각적으로 진행되어야 한다.
3. 죽은 동물은 품위 있게 대우받아야 한다.

제4조 1. 야생 동물은 자연환경에서 자유롭게 살 권리와 번식할 권리가 있다.
2. 야생 동물의 자유를 지속적으로 박탈하는 것과 오락을 위한 사냥과 낚시 등 생존에 불필요한 목적으로 야생 동물을 이용하는 것은 기본권을 박탈하는 행위이다.

제5조 1. 사람에게 의존하는 동물은 생명을 유지하고 보호받을 권리를 갖는다.

2. 그들은 어떠한 경우에도 사람에게 유기되거나 부당하게 살해되지 말아야 한다.

3. 동물을 이용하고 번식시키는 모든 형태는 생리학적 그리고 종의 특성이 존중되어야 한다.

4. 전시, 공연, 영화 등에 동물을 이용할 경우 그들의 존엄성을 존중해야 하며 어떤 경우에도 폭력을 포함해서는 안 된다.

제6조 1. 육체적 또는 정신적 고통을 수반하는 동물 실험은 동물의 권리에 위배되는 행위다.

2. 동물 실험을 대체할 방법을 개발하고 체계적으로 구현해 나가야 한다.

제7조 동물의 죽음을 초래하는 모든 행동과 그 행동을 유발하는 어떠한 의사 결정도 모두 생명에 대한 범죄로 간주한다.

제8조 1. 야생종의 생존을 위협하는 행동과 그러한 의사 결정은 대량 학살과 다르지 않으며 생물 종에 대한 범죄 행위이다.

2. 야생 동물에 대한 학살, 생태계를 오염시키고 파괴하는 것은 집단 살육 행위와 같다.

제9조 1. 동물의 명확하고 합법적인 지위와 권리는 반드시 법으로 인정되어야 한다.

2. 동물 보호와 그들의 안전은 반드시 정부 조직에 의해 제도화되어야 한다.

제10조 교육 및 학교 당국은 반드시 아동기의 동물에 대한 관찰, 이해, 존중이 학습될 수 있도록 보장해 주어야 한다.

지구 안에서 우리 모두 다 같이

희망 버스는 다시 공터로 돌아왔다. 엑스는 미래를 보고 온 이번이 마지막 여행이라고 말했다.

"그럼 엑스 너도 다시 원래 모습으로 돌아가는 거야? 지금처럼 만날 수는 없어?"

인경이는 헤어지는 게 서운한 목소리였다. 동물이 처한 과거와 현재 상황을 보는 건 괴로웠지만, 미래를 보고 나니 앞으로 할 이야기가 더 많을 것 같았다.

"나도 너희와 같이 미래를 보고 와서 좋았어. 다가올 미래는 동물들이 훨씬 행복해지겠지? 너희가 그렇게 만들어 줄 거라고 믿어."

주아는 고개를 끄덕였다.

"지금 당장 편하자고 비참하게 사는 동물을 외면하는 일은 하지 않아야지. 사실 동물이 잘 살아야 지구도 살릴 수 있고 우리도 잘 살 수 있는 거잖아. 우리가 서로 연결되어 있다는 걸 그전에는 몰랐어."

기달이 말이 끝나자마자 주아와 인경이 눈이 동그래졌다.

"와, 기달이 너 점점 우리를 놀라게 한다. 어쩜 사람이 이렇게 달라질 수 있는 거지?"

기달이는 멋쩍은지 뒤통수를 문질렀다.

"사람을 위해 동물이 계속 희생하는 세상은 언제 깨어질지 모르는 불완전한 세상이야. 너희처럼 동물도 행복해질 권리가 있다고 믿는 사람이 늘어난다면 지구 안에서 동물과 사람, 모두 행복해질 수 있을 거야."

엑스는 마지막 말을 남기고 뒤돌아 걸어갔다. 두 발로 걷다 어느새 네 발로 걸었고 담 위로 펄쩍 뛰어 올라갔다.

"어? 엑스는 다리를 다쳤는데."

주아는 엑스가 높은 담 위로 올라가는 모습을 보고 놀랐다. 엑스는 절뚝거리면서도 우아하게 담 위를 걸었다.

"엑스는 또 어디로 가는 걸까?"

인경이 말에 기달이는 대답인지 혼잣말인지 모르게 중얼거렸다.

"희망 버스가 필요한 아이를 만나러 가는 거겠지."

주아, 인경, 기달은 엑스가 사라지는 걸 보며 생각했다. 이게 끝이 아니라 시작이라고. 지금은 동물을 대하는 태도가 어떻게 달라져야 하는지 안 것뿐이라고.

"과거와 현재를 만든 것은 우리가 아니라 어른들이지만 미래를 만드는 것은 우리의 몫이잖아."

주아는 스스로에게 다짐하듯 말했지만, 인경이와 기달이가 옆에서 크게 고개를 끄덕였다.

이제 엑스와 희망 버스가 떠났으니 다시는 미래를 만나러 갈 수 없다. 대신 미래를 만드는 것은 가능하다.

동물과 사람이 행복하게 공존하는 세상, 꿀벌과 꽃과 나무가 울창한 아름다운 세상이 세 아이들이 만들어 낼 미래에 있다.

부록

우리의 과제

지구에서 동물과 사람이 함께 행복하게 살기 위한 '생각 상자'

과거-현재-미래, 우리가 만난 동물들

 안녕! 나는 주아야. 그동안 나는 엄마와 같이 길고양이를 돌보면서 동물을 많이 아끼고 사랑한다고 생각했어. 그러다가 인경이, 기달이와 함께 희망 버스를 타고 다니면서 나는 그동안 몰랐던 동물들의 고통과 만났어.

희망 버스를 타기 전에 우리 셋은 정말 생각이 달랐어. 기달이는 동물원에 있는 동물이나 멸종 동물은 보호해야 하지만, 길에 사는 동물은 싫다고 생각했지. 인경이는 사람이 필요할 때는 동물을 이용하더라도 일부러 괴롭히는 건 반대했고, 나는 동물에게도 사람과 같은 권리가 있어야 한다고 말했어.

이번 여행을 다녀와서 우리는 많이 달라졌어. 동물뿐 아니라 여러 생명에 대한 생각도 자주 해. 이런 생각을 나누면서 점점 나은 사람이 되고 있는 느낌이야. 우리가 나누는 이야기를 한 번 들어 볼래?

우리는 그동안 동물을 어떻게 대했을까?

> **기달**

희망 버스를 타기 전, 나는 동물 보호란 아주 특별한 동물들에게 해야 하는 것인 줄 알았어. 점점 사라지고 있는 동물을 보호해야 한다는 의미로만 말이야. 우리 곁에서 늘 만나는 길고양이가 동물 보호의 대상이라고는 생각해 보지도 않았다는 게 지금은 신기할 정도야. 다 같은 동물인데도 나는 보호해야 하는 동물과 보호할 필요가 없는 동물을 나눠서 생각한 것 같아.

사실 동물들이 길에서 사는 이유도 사람들이 계속 건물과 집을 지으면서 동물이 살 자리를 빼앗았기 때문이잖아. 산에 사는 동물들이 마을에 내려오는 것도 사람들 때문에 산에 더 이상 먹을 게 없어서이고.

그런데도 사람들은 동물 때문에 손해나 피해가 생기면 유해 동물 취급을 해. 나도 비둘기나 멧돼지, 고라니가 무조건 사람에게 피해를 주는 동물인 줄 알았어. 왜 그렇게 되어야만 했는지 이유를 생각해보지도 않고 말이야.

고라니만 해도 그래. 아빠와 자동차를 타고 가다가 고라니와 사고가 난 뒤부터 나는 고라니에 대해 알아봤어. 고라니는 농가에 내려와 피해를 입힌다고 유해 야생 동물로 지정돼 있어서 사냥을 해도 된다는 거야. 이렇게 우리나라에서는 구박받는 고라니가 지구에서 사라지기 직전인 멸종 위기 종이래.

전 세계에서 멸종 위기 동물로 보호하는 고라니를 우리는 유해 동물이라고 몰아내거나 죽이다니. 우리는 우리도 모르는 사이에 동물을 차별하고 있었어.

인경 맞아. 만약 멧돼지가 유해 야생 동물이라고 몽땅 죽인다면 멧돼지와 연결된 다른 작은 동물이 엄청나게 늘어나 사람에게 피해를 입힐지도 몰라. 그렇기 때문에 어떤 동물을 함부로 미워하고 해치는 것은 옳지 않아.

동물 복지에 관한 책을 읽다가 알게 되었는데, 옛날 사람들은 동물에게 감정이 없다고 생각했대. 동물은 기계랑 똑같다고 말이야. 감정이 없다고 믿으니까 동물을 함부로 다룬 거야.

나는 동물을 공장 같은 데서 키우는 게 가장 기슴 아팠어. 전염병이 걸리는 이유도 지저분한 환경에서 움직일 틈 없이 갇혀 있기 때문이잖아. 그렇게 전염병에 걸린 가축을 제대로 치료해 주지 않고 무조건 죽이는 것도 너무 무서운 일이야.

얼마 전, 조류 독감이 유행할 때 동물 복지로 닭을 키우는 농장 할아버지가 뉴스에서 인터뷰한 것을 봤어. 할아버지네 농장 닭들은 좁은 틀이 아니라 깨끗하고 넓은 데서 잠을 잘 수 있고 편안하게 지내서 조류 독감에 걸리지도 않았대.

그런데도 조류 독감이 유행하니까 다 살처분하라고 했다는 거야. 할아버지가 카메라에 대고 말했어. "방역은 전염병을 예방하는 것이지, 병에 걸리지도 않은 닭들을 죽이는 게 아니다!"라고 말이야.

우리나라 일만이 아니야. 덴마크에서도 밍크 농장에 밍크 한 명이 코로나19 바이러스에 감염돼서 다른 밍크까지 다 살처분했대. 땅에 묻힌 사체가 부패되면서 그 땅에서 가스가 나왔고 지하수와 호수, 바다까지 오염되었다는 거야.

이런 일이 세계 곳곳에서 일어나고 있다니! 병에 들었다고, 병에 든 동물과 같이 있었다고 살아 있는 동물을 땅에 묻는 것은 끔찍한 일이야.

예방 주사를 맞는 것도 중요하지만 동물에게 깨끗한 환경을 만들어 주고 면역력을 길러 줘야 해. 어차피 고기가 될 운명이라고 함부로 대하는 건 안 돼.

주아 인경이 말에 동감해. 바이러스가 닥쳤을 때 사람은 치료하고 동물은 죽여도 된다는 건 사람만 생명으로 인정하고 동물은 물건처럼 대하는 거잖아. 세상에 산 채로 묻혀도 되는 생명은 없어.

아주 옛날부터 사람들은 동물과 함께 살면서 도움을 받아왔어. 농기계가 없었을 때는 가축이 농사일을 도와주고, 자동차가 없을 때는 말을 타거나 마차를 탔잖아. 그때는 동물이 해 주는 역할을 대신해 줄 것이 없었기 때문에 동물에게 기댈 수밖에 없었다고 생각해.

지금은 다르잖아. 반드시 필요하지 않거나 다른 것으로 대체될 수 있는 것이 있는데도 동물을 마구 이용하고 함부로 죽이는 일이 너무 많아. 잔혹하게 훈련을 해서 동물 공연을 열거나 구경거리를 만들려고 동물을 싸움시키거나 축제를 열어 물고기를 잡는 것은 반드시 필요한 일이 아니야.

동물 실험도 마찬가지야. 나는 화장품 실험 때문에 갇혀 있는 토끼를 보고 어른이 되어서도 절대 그런 화장품을 쓰지 말아야겠다고 생각했어. 다행히 우리나라에서도 2017년부터 새로운 화장품 동물 실험 금지법이 나와서 동물 실험한 화장품을 판매할 수 없어. 그래도 여전히 동물 실험을 하는 제품들도 있으니까 잘 지켜봐야 해. 그런 제품을 쓰지 않는 것도 동물을 존중하는 방법이니까.

동물이 제대로 살기 위해
우리는 어떤 미래를 만들어야 할까?

인경 나는 기달이가 가상 현실 동물원을 만드는 개발자가 될 거라고는 상상도 못 했어. 과학이 발달하면서 사람뿐 아니라 동물을 위해서도 좋은 개발이 많아지면 좋겠어. 어린이에게 동물이 어떻게 살아가는지 생태를 보여 주고 싶다면 갇혀 있는 동물을 보여 주는 것보다 실제처럼 재현한 가상 현실 동물로 더 잘 보여 줄 수 있을 거야.

주아 인경이가 고기를 대체할 미래 식량을 만드는 연구원이 되다니. 정말 근사했어! 어른들이 음식을 골고루 먹어야 한다면서 고기를 먹게 하잖아. 채식만으로는 힘이 나지 않는다고 말하는 어른도 많아. 식물성 고기나 배양육도 영양이 풍부하다는 걸 많이 알린다면 점점 고기를 위한 동물을 키울 필요가 없어지겠지.

지구 위기나 물 부족 같은 것도 훨씬 줄어들 거야. 구제역이나 조류 독감에 걸렸다고 수많은 생명을 죽이는 잔인한 일도 일어나지 않겠지. 고기로 키워지는 동물이 없어진다는 생각만 해도 나는 마음이 놓여.

기달 주아는 동물 권리 활동가가 어울렸어. 세상은 실천하는 사람들이 바꾼다고 하잖아. 동물을 함부로 이용하면 왜 안 되는 건지, 우리가 어떻게 해야 동물과 어울려 살아갈 수 있는지 소리 내어 말해 주는 사람이 필요해.

솔직히 주아 네가 아니었다면 나는 내가 동물에게 뭘 잘못했는지도 모르고 어른이 되었을 거야. 어떻게 바뀌어야 좋은 세상이 되는지 모른다는 건, 정말 답답한 일이야. 이제라도 내가 달라질 수 있어서 다행이야. 미래에 내가 기발한 동물원을 만드는 개발자가 될 수 있는 것도 다 너희와 한 여행 덕분이야.

동물에게 보내는 우리의 다짐

주아 인권이라는 말이 중요해진 것은 사람으로서 존중받지 못하고 배려받지 못하는 일이 많아서였대. 지금은 인권을 아주 중요하게 생각하잖아.

나는 사람으로서 당연히 누려야 할 기본 권리가 있는 것처럼 동물에게도 권리가 중요하다는 것을 알리고 지켜 주려고 노력할 거야. 동물 권리는 동물이 누려야 할 기본권이니까.

기달 나는 길고양이를 챙길 시간과 비용이 있다면 길에서 사는 사람을 챙기는 게 더 나은 게 아닌가 생각한 적이 있었어. 사람과 동물 중에서 사람이 더 중요하다고 생각한 거야.

생명 앞에서 그런 중요함을 따지는 건 의미가 없다는 걸 이제는 알아. 어떤 생명이 소중하다고 그것을 뺀 다른 생명이 덜 소중한 게 아니잖아.

나는 동물을 차별 없이 대할 것을 맹세할게. 길고양이도, 비둘기도, 고라니도 존중받으며 살아갈 권리를 가진 동물들이야.

동물을 함부로 대할 자격을 지닌 사람은 없어. 혹시 그런 친구를 만난다면 내 이야기를 들려줄 거야. 내가 어떻게 바뀌었는지 말이야.

인경   사람이 행복하게 사는 것은 동물을 행복하게 살게 하는 것하고 서로 통하는 것 같아. 나는 우리가 아직 어려서 동물을 위해 해줄 수 있는 게 없다고 생각했어. 그런 건 어른들이 할 수 있는 일이라고만 생각했지.

우리는 그냥 지금 할 수 있는 것부터 하면 돼. 예를 들면, 우리가 햄버거나 치킨 한 번만 덜 먹어도 고기로 소비되는 동물의 생명을 구할 수 있어. 점점 말라가는 지구를 구할 수도 있지. 동물 공연을 보는 걸 거부하는 것도 우리가 할 수 있는 일이야. 펫숍에서 강아지를 사달라고 조르지 않는 것도 당연히 할 수 있는 일이지. 매년 10월 4일은 '세계 동물의 날'이래. 이날을 기억하면서 동물과 행복하게 사는 방법을 계속 고민할 거야.

우리처럼 동물을 사랑하는 어린이가 많아진다면 세상은 분명 달라지지 않을까.

똑똑똑!

자동차를 두드려 주세요
고양이가 엔진룸에서
쉬고 있어요

똑똑똑!

자동차를 두드려 주세요
고양이가 엔진룸에서
쉬고 있어요

똑똑똑!

자동차를 두드려 주세요
고양이가 엔진룸에서
쉬고 있어요

똑똑똑!

자동차를 두드려 주세요
고양이가 엔진룸에서
쉬고 있어요

똑똑똑!

자동차를 두드려 주세요
고양이가 엔진룸에서
쉬고 있어요

똑똑똑!

자동차를 두드려 주세요
고양이가 엔진룸에서
쉬고 있어요

똑똑똑!

자동차를 두드려 주세요
고양이가 엔진룸에서
쉬고 있어요

똑똑똑!

자동차를 두드려 주세요
고양이가 엔진룸에서
쉬고 있어요